JN286008

なぜ仕事するの?

松永真理

角川文庫 11855

目次

はじめに

ああはなりたくない。ああはなりたくない。

20代のとき、この言葉を何回つぶやいたことか。

いったいどれだけ多くの「ああはなりたくない」人を見れば、ああならなくて済むのだろうか、と考えたことがある。

いっぽうで、
ああはなれない。とてもじゃないが、ああはなれない。

立派すぎる「ああはなれない」人をどこまで認めれば、私には無理だとあきらめがつくのだろうか、と感じたこともある。

私の視界の中には「ああはなりたくない」多くのサンプルと、「ああはなれない」少ないサンプルのどちらかしかなかった。私の望む「ふつうにいいもの」は、ひとつもなかった。

それにしても、女たちが年上の女性を見る視線は、恐ろしい程きつい。「嫌ねえ、あのオバさん」と言い放つ時は悪意に満ちてるし、「あの人は、特別よ」と断定する時は敵意にあふれている。

私は20代のほとんど、正確にいうと21歳から31歳までの10年にわたって、むき出しの悪意と敵意の視線を年上の女性たちに浴びせ続けていた。なぜ、そこまで何にもしないで平気なの？　なぜ、そんなにしてまで無理するの？

どこにも自分の居場所がない焦りを、相当に意地の悪い視線にして他人にぶつけていた。


なぜ仕事ってするんだろう。私はこの答えをずっと探していた。

「できることなら、やりたくないもの」

「まちがいなく、お金のため」

「自分を表現できる手段にできたらいいなあ、なんて」

「人間の自立には欠かせないもの」

「ヒマつぶし、ってとこかな」

いろんな人の答えを聞いても、なかなかピンとこない。

「ものごころついた頃から、女も一生仕事をするものだと思ってきました。これだけは一度も迷ったことはありません」

こう言われると、私には立派すぎて何も話せなくなる。

「お金のため以外の、何物でもないわよ」

またここまではっきり断定されると、「そうですよね、それしかないですよね」とスゴスゴと帰るだけである。

もっと迷いとか心の揺れとか思いめぐらすこととかないんですか？

仕事する目的ってそこまでスパッとひとつに絞れるものなんですか？　時に重心が移ったりすることってないんですか？


さて。

この本はそうやってずっと首をかしげながら見てきた十数年を記したものです。私は「仕事」をテーマにした仕事につきながら、十数年かかってようやく見えてきたことがあります。それは、あとで気づくのではどうしようもなく遅いことがあるということ。このことは、できることなら20代でわかったほうがいい、ということ。

もし、20代で気づかなかったとしても、いつまでも自分のことを無視し続けたり、気づかないふりをしていることは、死ぬまで悪意と敵意のなかで生きることになるということ。とくに、これからの高齢化社会と情報化社会は、その状態がますます加速することを約束しています。

自分は年とっていくのに、次から次へと新しいもの、美しいもの、輝かしいものが誕生してくるのを、情報化社会は否応《いやおう》なしに運んできてしまいます。これでは、心穏やかに生きてはいけません。もちろん悪意も敵意も多少はないと面白くないから、適度にキープしておきましょう。

ただ、それしかないのは困りものです。若いうちならまだ他人にあたって発散できても、体内のエネルギーが涸《か》れてくると、その毒気は外に出ることなく自分の体内を巡るようになります。すると悪意と敵意はいつのまにか失意に変質していきます。

そこで、この本では人生80年という時間とどのように向き合ったら悪意と敵意だけにまみれずにいられるのか、仕事と結婚のふたつのアイテムをもとにスタディしたものです。

なぜ、仕事と結婚なのか。

それは、自分のことを知るのに、これほど格好の材料もないからです。また、このふたつはよく似ています。

不確実な情報のもとで、人生の大きな選択を強いられるところ。なんだかんだいっても、ほとんどの人が関わっているところ。双方ともに、いい加減にごまかして過ごせるほど短期間ではなくなっているということ。煩わしい人間関係とやらがまとわりついてくるあたりまで、もうそっくりです。

また時間的経過とともにシチュエーションがすこしずつ変わっていったり、心のありようが微妙に変化していったりで、それはそれは不測の事態も生じてきます。たくさんの変数が隠されているところなども、同系同類と言えるでしょう。

ところが、この類似点に気づかずに、仕事は結婚の敵だ、と思いこんでいる人がまだ多くいます。いっぽうで、「結婚は仕事の邪魔になる」と警戒している人もいます。そういう人は、「私がお嫁さんを欲しいくらい」と、悲しい言い方をします。たしかに、仕事も家庭も子供も、って大変ですよね。

しかし、大変だ大変だと言ってるだけでは、何も見えてきません。一度、実践的スタディをやってみなくては、いつまでたっても悪いのは社会と言うだけで、自分のことがちっとも見えてきません。

吉本ばななは『キッチン』の書き出しにこう書きました。

「私がこの世でいちばん好きな場所は台所だと思う」

うっとりと眠れる場だともいっています。何も眠るのに適した場所は静かな寝室だったり、ふかふかのお布団とは限らないんですね。こういった自分にふさわしい居場所が見つかると、本当にいいと思います。

第1章　なぜ自分を無視するの？

3年つとめるつもりが、入社して18年めを迎えた。

おそろしく忙しい会社で深夜にまでおよぶ編集という仕事で、なぜこんなに続いたのか。周りも驚いているが自分自身がもっと驚いている。

小学校1年生のときに腎臓《じんぞう》をわずらった。高校3年生のときは急性肝炎になった。肝腎かなめのふたつの臓器を、早くも10代までに病んでしまったことになる。疲れやすく強靭《きようじん》な体力をもちあわせなかった。

では、知力にあふれていたかといえば、体力よりもさらに自信がない。三姉妹の長女は優等生で、末っ子の私はいつも問題児だった。「あのみどりさんの妹」という先生たちの不用意なひとことで学校嫌いが高じ、勉強にはすこしの興味も持てないまま10代を終えてしまっていた。

体力もない。知力もない。それなのに仕事を長く続けられた理由をひとつ挙げるとしたら、それは行きつ戻りつした、あの半年間があったからだ。長いトンネルを抜けたことで、ようやく私はあることから解放された。

待ちぶせしてる45年の退屈

そろそろ大学も最後の年にさしかかろうとしていた頃である。新聞を読んでいて、ある記事に目が止まった。そこには女性のライフサイクルが大きく変わってきていることが記されていた。寿命はのびるいっぽうで、子供は減るいっぽう。子育てを終えるのが35歳で、そのあと天寿を全《まっと》うするまでにまだ45年間あります、と。

私は、45という数字にめまいを覚えた。21の私にとってそれは倍以上もある、とてつもない数字に思えたのだ。ここまでくるのだって結構たいへんだった。それなのに子育て後にその倍の長さがあるということは、いったいどういうことなんだろう？

これまでは6歳になると小学校へ行き、12歳になれば中学、15歳には高校へ行った。しかし、これからは他人が決めることはなにもない。いつ、なにをやるか、やらないか。すべて自分が決めることになる。

さあ、困った。45年をご自由にどうぞ、といわれてもやろうと思ったメニューはもう終了済みだ。いくつかの趣味を回すにしても結構な期間である。おまけに私の性格はあきっぽいときている。趣味もお稽古《けいこ》ごとも、これまで長続きしたためしがない。

習字は足がしびれるのが嫌で1年ともたなかった。絵は先生が嫌ですぐやめてしまった。ソロバン（当時は町の公民館の畳の間でなんとソロバン塾が開かれていた！）にいたっては、あの10センチ幅のなかで珠《たま》を動かすことにどうしても耐えられず3回しか行かなかった。

泣いても笑っても子育て後に45年もある。ひとつ飽きふたつ飽きしてたのでは、とても間がもちそうにない。ごまかしがきくような長さでもない。ふつうに結婚して、ふつうに子供を産んでと、ふつうを目指していた21歳の女の子にしてみれば、およそふつうとは思えない数字が重くのしかかってきたのである。

それも、まわりからチヤホヤされての45年ではない。オバさんだの、バアさんだの、他人からうとまれながらの45年だ。そのうち歯は抜け、髪は落ち、目はかすみ、耳は遠くなり、足は動かなくなる。そんな環境下での45年間。何が楽しゅうて生きているのかしらん、と歯がなくなってから気づいたのではもう遅い。おいしいものを前にしても歯がたたないのだ。

そこで私は、いろいろ思いをめぐらしてみた。おそらく一生長持ちするような「好きなこと」を持たないと、これはとんでもないことになるな、と。一般大学で一般教養を身につけ、一般企業に入って一般事務に就く。そして、一般主婦になってという「一般」お楽しみづくしを考えていた私だが、そんな悠長に構えたところでつぶせそうにないくらいの時間が横たわっているとそのとき気づいたのである。

それならばいっそ、好きなことを仕事にしてみるのはどうだろうか。好きこそ物の上手なれで、さすがに何十年もかければひとつぐらいは何かものになるかもしれない。とにもかくにも、45年間自分を飽きさせないことが最優先の課題なのだ。

ココ・シャネルは、「なぜ仕事するの？」と聞かれて、こう答えた。

「私に退屈してなさい、とでも言いたいの？」

いよいよ仕事探しのスタート

いよいよ私の仕事探しがスタートする。いったい自分は何をやりたいんだろうか。何をやったら退屈しないでいられるのだろうか。生まれて初めての自分への問いかけである。あれ、大学の学部はどうして決めたんだっけ。仏文をやって何になろうと思っていたのかなあ。3年前の18歳の選択を振り返ってみるが、何も考えなかったことだけがわかってきた。

私は学部選択であきらかに失敗していた。とりたてて、仏文学が好きだったわけではない。いまさら英語をやっても姉たちにかないっこないから、仏語をやって原書を読めるぐらいになろうじゃないか、その程度の情けない選択である。

もともと自立心があったわけではない。しかし、それにしても自分の将来を一般主婦にしかおいたことがないというのは我ながら恐ろしいことだと思った。大学のその先の、仕事の情景がひとつも浮かんでこないのである。

困った。何をやりたいという希望もなく、何かにたけているという実績もない。しかし、一寸先も見えてこないとなると、これまでの自分をたぐり寄せるしかない。もうここまでくると、自分の好き嫌いしか手掛かりはなさそうだ。


覚えることより、あれこれ思いめぐらすほうが好き。

習うことより、新しいことを作りだすほうが好き。

数字を見てるより、文字をながめているほうが好き。

女の子より、男の子のほうがずっと好き。

こうして好きなものをつなげていくと、次のようになる。

思いめぐらしながら、作りだす仕事で、文字を媒介としつつ、男性との出会いが多い仕事。そうやって私が強引に導きだしたのが編集という仕事であった。

そうだ編集者になろう。私は生まれて初めて志というものを胸に抱いた。これなら飽きずにやっていけそうだ。しかし、殊勝にも高い志をもったのに私がいざ就職しようとした昭和51年の就職難を前にして、はやくも志は揺らぎはじめたのだった。

短大生は引く手あまたの就職貴族なのに対して、四年制女子はほとんどの上場企業が採用を中止していた。わずかに都銀がいくつか採用する程度で、私のめざす出版社はひとり採るか採らないかの超狭き門であった。

ラクな仕事？　それとも面白そうな仕事？

せっかく初めて志をもったのだから、ここは当たって砕けろ狭き門から入ろうじゃないの。そう心に決めて眠りについても翌朝目がさめると現実の厳しさがおそってくる。いや初志だ、いや現実だと日に3転も4転もして、頭までくらくらしてくる。こういう時に大丈夫と押しきれないのが実績のない悲しさだ。

たしかに、私は活字が好きだ。活字に接していれば結構やっていけそうな気もする。だけど、編集という仕事をやっていけるかどうかはよくわからない。自分に適性があるのか、能力が備わっているのか、男性との出会いが多そうなどと何やら動機も不純に思えてきた。

仮に適性や能力があったとしても、深夜までの残業に体がついていけるだろうか。高校3年のときに黄疸《おうだん》におそわれた顔が、ふとよみがえってくる。それに、たとえハードワークに耐えられたとしても、たとえニッポンいちの編集者になれたとしても、その先に幸せな結婚が待っているとも限らない。

こうなってくると、もういけない。

「なにも女の子がそこまですることないよ」

という声が、どこからともなく聞こえてくる。私の中からなのか、外からなのかはわからない。その見極めがつく手前で、彼やら親戚《しんせき》やら親切な世間といったあたりから寝しなに耳元でささやかれている感じなのだ。

さあ、どうしよう。片方に面白そうな仕事がある。もっともそれには、私がかつて経験したことのない苦労がずっとついて回るに違いない。もう片方に、どうみても面白くない仕事がある。しかし、これには私の得意なラクがある。面白そうな仕事をとるのか、得意なラクをとるのか。どちらにしたらいいのか、ウウウッ、よくわからない。そこで私は、ふたつの生活体系を思い描いてみることにした。

ラクな仕事のほうは、簡単に想像がついた。

仕事は9時から5時まで。そのあとは、お茶にお華、英会話に通って、もっぱら自分を磨く。靴はいつもピカピカにブラシをかけ、爪《つめ》には毎日マニキュアをほどこし、24歳でほどよく婚約、25歳で結婚。27歳で第1子、30歳で第2子を産み終えると、35歳からは第二の人生をスタートさせる。

ちょうどその頃にもなると、夫は出世街道をひた走り、ロンドンか、はたまたニューヨーク勤務か。私の人生第2章に華麗な彩りを添えてくれる。そのうち、私は「霧のまにまにロンドン」を書いてエッセイストとしてデビューする。2児の母であり、ライフ・コーディネイターとしても活躍する自分がそこにいる。と、よくもまあ、何の保証もないくせに、女の幸せゴールデン・コースとなると、どこまでも輝いて描けるのである。

ところが、面白そうな仕事を選んだ時の生活イメージはさっぱり思いつかない。

仕事はいったい何時に終わるのか。英会話に通う時間はもてるのか。徹夜の連続で肌はボロボロになってやしないか。結婚は本当にできるのか、と、こちらは不安ばかりが渦まいてくるのだ。

私をめぐっての行きつ戻りつ

またまた困ってしまった。一世一代の志も女性のゴールデン・コースを前にしては、またたくまに色あせてくる。きっと親も喜ぶし（都合のいいときだけ親思いになったり）、私って意外と古風なタイプの女だし（突然、しおらしくなったり）、もうどうにも収拾がつかなくなってきたのである。

そのとき私は何を思ったか、新宿に出かけ手相見の長い行列に身をおいていた。とても自分では判断がつかなかった。かといって自分のこれまでを知る人に相談しようものなら、はなから好きな仕事コースを否定されるのはわかっていた。

でも、そうじゃない。私が聞きたいのはこれまでの自分ではなくて、これからの自分である。過去の栄光なんかひとつもないけど、たった20年で一生が決められてはたまったものじゃない。これまでどおり根っからの怠けもの人生なのか、それとも、新しい人生を切り開いていくのか、ようし第三者に見てもらおうじゃないの。

そして、待つこと1時間。〝新宿の母〟に手を差し出した瞬間ピクッと震えが走った。生年月日を聞かれて答えると、

「うま年サソリ座、私と同じよ」

と恐ろしく速いレスポンスが返ってきた。同じよと言われても、喜んでいいものやら覚悟をきめなきゃいけないものやら21の小娘にはよくわからない。心臓の鼓動だけがますます高まっていく。

「頭脳線は途中で切れているけど、あなたはどちらかと言うと文章書いたり、ものを作る仕事に向いているわね。えっ？　銀行も受けるの？　それは、どうだかねえ。おさまらないんじゃないの。それよりも、ここにある運命線がスッとのびてるし」

よし、決定！

半年間というもの「自分の好きな仕事コース」と、「女性の幸せゴールデンコース」の間をさまよったが、ようやく私の決心はついた。これで、いいんだ。私にとって好きな仕事を選ぶことは未知のイバラコースかもしれない。でもダメならダメでもいい。一度くらい自分に賭《か》けてみたっていいじゃないか。

それに、ここらで自分らしい選択をしないと、また同じ迷いがやってくるのは目に見えている。たとえ輝けるライフコーディネイター（在ロンドン、2児の母のエッセイスト）になっていてもきっと同じことだろう。私をめぐっての、こんなに辛《つら》い行きつ戻りつだけはもう勘弁して欲しい。

「あのー、それで、結婚はいつになりますか？」

「結婚、そうだね、25歳だね」

最後にその言葉を聞いて私は新宿をあとにした。仕事で千円、結婚で千円。ワンテーマ千円の計二千円を渡した。結婚年齢は大きくはずれたけれど、それでも迷っては引き返すそんな私の背中を、〝新宿の母〟はポンとたたいて送り出してくれたのだった。

人生ぬくぬくプラン

さて、長いトンネルを抜けて社会の入り口に立った私のところへ、ひとりの男性が近づいてきた。彼は、ある〝人生保険〟の営業マンである。

「新社会人、おめでとうございます。本日は私どもが自信をもってお勧めします、ふたつの保険プランをお持ちいたしました。最初にまず、〈人生ぬくぬくプラン〉からご説明いたしましょう。

この人生ぬくぬくプランの最大の特長は、それぞれのライフステージをまんべんなく楽しんでいただけることです。人生のレールがきれいに敷かれていますので、ゴールへ到着するまで、ボックスシートでゆったりくつろげます。もちろん、これまで脱線したことは一度もありません。ポイントごとに監視員が厳重なチェックをしておりますので、ご安心ください。

もし、ご結婚などのライフイベントが平均ペースより遅くなるような場合は、こちらからサインを送らせていただきます。そのため、人生のペース配分が大きく狂うこともございません。はれてご結婚やご出産となりますとその度に、できたらご結婚のほうは1回にしていただきたいのですが(笑)、こちらからご祝儀を出させていただいております」

「この場合、満期はいつになるんですか」

「はい、大変いい質問です。このぬくぬくプランは人生前倒しをモットーとしておりますので、45歳が満期、あっ失礼いたしました、女性の場合は35歳が満期となっております。ちょうど、大厄にプラス2、3歳で設計してございます」

「ずいぶん早いんですね。女性の場合は35歳で人生のあがり、という感じなんですか」

「ものは考えようです。35歳で満額受け取って、それを元手に第二の人生をスタートできますから。ただ、その途中でシートから立ち上がったりするのは危険です。このレールは、自分の足で立つようにはできておりませんので」

「そうしたら35歳で新たなスタートを切る時に、立てない人も出てくるんじゃないんですか」

「鋭いご指摘です。たしかに足腰が弱ったかたもいらっしゃいます。そういうかたには専用の車椅子《いす》をご用意させていただいております。世間の風が直接当たりませんように、風よけのついたものでございますので、まったくご心配は必要ありません。女性のかたの多くがこちらにご加入いただいておりますが、だいたいお父様やご主人様がお申込みになるケースが多く見受けられます」
「それでボックスシートなんですね。箱入り娘と箱入り妻のためなんですねえ」
「いい勘してらっしゃいますね、お客さまは」
「でも、うちは、父が払ってくれたりはしないんですが。もう、かじるようなスネも残っていないものですから」

人生わくわくプラン

「そうでございますか。では、もうひとつのプランをご説明いたしましょう。こちらのほうは、〈人生わくわくプラン〉というもので、ご本人にお支払いいただくのを原則としております。

これは、変額保険の終身プランで、ハイリスクのハイリターン型保険でございます。平均寿命がのびていることもありまして、昨今は終身の人気が高くなっております。

ぬくぬくプランの場合は、ご結婚やご出産といったお祝いごとにご祝儀が出ることになっておりますが、わくわくプランのほうは節目をライフイベントとは限っておりません。

例えば、大学に戻って勉強をもういちどやりたいとします。そうしましたら、それまでの掛け金に見合ったお金をお貸しすることができるのです。

資格取得、海外留学、語学研修など、なんでも結構です。ご自身が節目だと思われる時に、その資金を工面しやすくしておりますのが特長でございます」

「ということは、この場合、満期という概念はないのですか」

「もちろんそうです。終身ですから。ただ、死ぬまで何ももらえないとなると生きたお金を使えませんから、必要に応じて出しましょうということなのです。満期が必ずしも、入り用のときとは決まっていませんからね」

「これは、仕事している人しか加入できないんですか。先ほど本人が支払うのが原則とおっしゃってましたけど」

「原則はそうです。しかし、自分の人生は自分で責任をもちたいと思うかたでしたら、基本的に有職、無職は問いません」

「最後にひとつ教えてください。ぬくぬくプランとわくわくプランの仕組みの違いはよくわかりました。でも、それぞれの目的地となる終着駅はどう違うんですか」

「駅名で言うと、ぬくぬくプランの場合は、〝世間一般〟でございます。ですから、どなた様も一律に、人生の折り返し前にご到着になることが可能です。わくわくプランの終着駅は、〝自分自身〟でございます。よって、個人差がかなり出てまいりますし、到着地点もずっと遠くにございますので、人生遅くのご到着かと思われます」


目的地に早く着きたいのか、遅くてもいいのか。そして、それは世間に対する見栄なのか、自分自身のためなのか。

すこしぐらい目的地に着くのが遅くなってもいいのではないか。それも、自分のためなら構わないのではないか。こう思えることによって私は解放されたのだった。早く着かなければという焦りと、世間の目という呪縛《じゅばく》から、やっとの思いで抜け出せたのである。

＊　＊　＊

ところで、「わくわくプラン」を選んで18年、その間にすこしずつわかってきたことがあります。

それは、退屈するかしないかの違いは、どうもプロかアマチュアかの違いではないかということです。

ここでいうプロとは、お金をもらっているかどうかではありません。やることを自分で見つけて、もっとこうしたいという気持ちをもてるかどうか。しかも、それを持続できるかどうか。これがプロの条件なのではないかと思います。

よって、主婦のプロだって当然います。金柑《きんかん》の種をひとつひとつとってジャムを作ったり、今度は大豆を買ってきて豆腐づくりに挑戦してみようかと思うの、と目を輝かせて語ったりする主婦を見るとプロだなあと感じます。

買えば1丁100円の豆腐を、3日かけて作ろうという心掛けが違います。うまくできるかどうかはその次の問題です。まずはその気持ちがないと、うまくなることだってできないのですから。

そういう人を見るにつけても、私はつくづく主婦のプロにはなれなかったなあと思います。焦げたお魚も「もったいないから」と平気でそのまま食卓に並べるし、人目につかない押し入れの掃除はおっくうに感じるにちがいありません。まあいいか。どうでもいいや。おそらく退屈しきって、しまりのない顔になって、グータラ一直線の生活を送っていたんだろうと簡単に想像がつきます。

また、ブラブラできるプロ、という人がいます。周りがなにをやっていようと気にせず気にならず、気ままに過ごしていられる人。しかも、とことん退屈しないでいられる人。こういう人は、働かなくたっていいんだろうなあと思います。こんなことというと、自立を唱えてる人から叱《しか》られるかもしれないけど、要は、自分らしく立っていられたらいいのですから。

私だって、ブラブラする才能や哲学する才能に恵まれていたら、働かなかったかもしれません。でも、ひとりで考えていたんでは頭脳線も途中で切れているし、ちっとも自分が見えてこないのだから仕方ありません。それに、夏休みの予定がないだけで落ち着かなくなる小心者の私には、ほとんど予定のない生活なんて心穏やかに過ごせるはずもありません。

つまり、主婦のプロにしてもブラブラのプロにしても、これは精神力が強く知性あふれる人だからこそ到達できることです。ふつうの人がその域までいくのは大変なことです。特別な資質と才能を必要とします。

よく「ふつうの女の子に戻りたい」といって芸能界を引退しても、何年か後にはカムバックする芸能人がいるように。また、一般人でも「もう仕事なんてしたくない」と会社を辞めた人が、せいせいした解放感を味わえるのは最初の3日だけで4日めから仕事探しを始めるように。

45年の退屈予防法とは

仕事は比較的ふつうの人でもなんとかやっていける世界だということがわかりました。想像していたよりもずっと特別なことではないんだなあと思いました。

なんといっても仕事には人の目があって、いつまでに、なにを、どれくらいやるという決めごともあって、いくらか期待もされて、文句もいわれるが喜ばれるときもあって、少なくとも人からの反応があって、義務もあるが職業選択の自由もあって、人との摩擦があって、擦りへるときもあるが磨かれるときもあって、そして、人との出会いもあって。

なんでもかんでもあるのが、仕事の世界です。どんな仕事が自分に合っているんだろうか。どうやったらプロに近づいていけるんだろうか。すぐに答えがみつからなくたって、試行錯誤できる余地を十分にもっています。なにせ時間はたっぷり用意されているのですから。

そのうちにプロってこういうことなんだろうなあ、こうなれたらいいだろうなあと自分でイメージがついたら、もうしめたものです。私が考えるプロとは、たとえばこんな人です。

竹谷年子さんのインタビューが、雑誌『サライ』(93・11・4)に掲載されたことがあります。竹谷さんは、帝国ホテルで60年間客室係を担当された客室係のパイオニアです。女子の客室係第1号として入社しアテンダント(国賓級や賓客担当の客室係)として数々のVIPのお世話をしているため、そのエピソードだけでも尽きない面白さがあります。

半分残ったリンゴを捨てずに後で食べるロックフェラー夫人とか、新婚旅行で来日したものの夫ディマジオの機嫌が悪く予定より早く帰ることになったマリリン・モンローとか、王室紋章いりの櫛《くし》をくださったエリザベス女王とか。スーパースターとのやりとりもさることながら、竹谷さんのスーパー客室係ぶりが実にいいのです。

咳《せき》のでるかたには羽根布団をやめる。腰の悪いかたにはベッドのマットレスの下にベニヤ板を敷く。ピアノを弾くかたにはフタをあけ鍵盤《けんばん》を出しておく。スターが感動してしまうモト、竹谷メモとよばれるその記録はいまでも帝国ホテルの貴重な財産となっています。

さすが、プロです。しかし、私がもっとも感動したのは、その長年勤めた帝国ホテルを辞めようと思ったときのくだりです。

出勤途中のある朝のこと。新橋のショウウィンドーに、腰の曲がり気味のお婆さんが映っている。それが自分だと気づくまでに、しばらく時間がかかってしまった。毎朝、鏡の前で身仕舞いを点検するのだが、気合いが入っているせいか、いつもしゃんとして見えていたからです。

「これがありのままの自分の姿だ。お客様の前には恥ずかしい。もっと若くてキビキビした子がいる。そう思いまして」

なかなか言えないセリフです。60年やってきて自分から身を退《ひ》く毅然《きぜん》とした態度は、これこそがプロ魂だなあと感じました。

社長のあと会長になり、それでも辞められずに相談役、顧問としがみついている人たちに、これなどはぜひ読ませたいエピソードだと思いました。自分を客観的に捉《とら》えることって本当に難しいことなのでしょうね。

そして84歳になる今日まで、自分のベッドメーキングはホテルで学んだ通りに毎朝行なっています。

誰も見ることのない自分の部屋のベッドを整える84歳の竹谷さん。

「私は小さいけど力仕事には自信があったの。シーツを20枚くらい重ねて肩にかついで、ランドリーまで運んだり」

　会社を一歩離れたとたんに体が動かなくなるようなお父さんたちにも、このあたりはぜひ聞かせたい話です。実にたくましいと思います。

「私はホテルですべてを学ばせてもらったんです。だから言うの。私は『帝国』大学卒業ねって」

　だいいち話が愉快です。ユーモアがあります。そして、仕事をやめても、それが生活の細部にきちんと息づいています。会社を辞めたとたん廃人のようになるのとは違って、毎日の生活の質を高めていける術《すべ》をもった人こそ仕事のプロだと思います。


　どうせ仕事をするんだったら、ひとつでもいいから「さすが、プロだね」「よっ、プロ」と声がかかるほうが嬉《うれ》しいですよね。他人からいってもらえなかったら、せめて自分ぐらい言ってあげないと。なかなかやるじゃない。まあ、うまくなってきてるよ、と。

　竹谷さんのインタビューを読んで、私にとって仕事をする目的がなんなのか、たどり着きたいとする目的地はどんなものなのか、すこしイメージがつかめたような気がしました。

　それは、話の面白い、どこまでも面白い婆さんになりたい、ということです。まだまだ芸の道は長く険しいけど、だからこそ仕事をとおしていろんな体験をし、いろんな人と出会って磨いていくのだろうなあと思えてきました。満期なしの「わくわくプラン」とは、こういうことだったのです。

45年間の退屈予防法として、なにかひとつ長く続けられるもの、わくわくする手立てを持たれることをおすすめします。

第2章　なぜ年齢におびえるの？

1時間半続けて話をするのはけっこう疲れるものだ。

またその日は、組織のなかのキャリア・アップという、テーマからして重かった。とりあえず指定の時間と内容をこなしてホッと一息ついた、まさにそのときである。会のコーディネイターをつとめる男性が、つかつかと黒板の前に歩み寄ってきた。

「よく、男性から会社を引くとなにもなくなるといわれてましてね」と言いながら、大きな文字で、

〈男－会社＝ゼロ〉

と書いている。なかなか達者な字だ。私はその文字を確かめてからコップに水を注ごうとしていた。

「そして、これをいうと語弊があるんだけど」と軽く前置きをしたあとで、

「女性から若さを引くと、これまたなにもなくなっちゃうんですよ」

その一瞬、私は水をこぼしてしまうくらい慌てて後ろを振り向いた。すると、これまた大きな文字で書かれているではありませんか。私の頭のちょうど上あたりに。

頭のなかをぐるぐると回っていた。

〈女ー若さ＝ゼロ〉

ちょっと待ってくださいよ。いったい誰がそんなこと言ってるんですか？　会社ひとすじにきた男の人の話はよく聞く話だけど、女性のそれって、ありですか？

私は反論する気力さえ失っていた。家に戻ってからも、「ヤキが回る」という言葉が、頭のなかをぐるぐると回っていた。

「女性」から「若さ」を引くと

とんでもない場所に居合わせたという思いと、聞いてはいけないことを聞いてしまったという思いは、その後もしばらく尾を引いた。

若いほうがいいというくらい誰だってわかっている。でも、ゼロというのはあんまりというものだ。

社内でキャリアの長い女性が、年齢に見合うだけの尊敬をかちえていないのはそういうことだったのか。街なかで年配の女性がなんとなくうとまれているのも、そうだったんだ。

缶コーヒーのCFに、矢沢永吉が鳩にエサをやっているシーンのものがある。そこへ、3人連れの中年女性がペチャクチャと（この音声がけっこう高い）しゃべりながら通り過ぎて行く。すると、鳩はいっせいに飛び立って、永ちゃんが「もおう」とひとこと言う。

「あのねえ、そこのオバチャンたちイ」

という気持ちが、そのひとことで見事に表現されている。

そうか。そういうことだったのか。私は30代後半にして初めて、男性特有のある視点をはっきりとした言葉で認識した。

たんに若いほうがいいといったレベルではない。もはや若さを失った女をひとりの人間ともみなしていない。ゼロ、無、なにもないのと同じなのだ。

そう思った瞬間、そういえばなにかと年齢にさいなまれてきた自分史がこつぜんとよみがえってきた。


真理、21歳の夏。一生のなかで、いちばん長くて暑い就職の夏。オイルショックの後で、四年制女子の採用中止が相次ぐなか、なぜか短大生は引く手あまたの就職貴族。「女は若いほうがいい」。社会の入り口のところで知らされた、2歳の年の差に泣いた年。

真理、22歳の春。晴れて、社会へ。でも新生活に胸ふくらませてというより、これで学生生活が終わってしまうことに淋《さび》しさを感じた春。もうすこしモラトリアムでいたかったなあ。そんな気持ちを引きずりながら30センチ髪を切る。歌謡曲にもあった、悲しいくらい陳腐なまでの別れの年。

真理、24歳の秋。当時はまだクリスマスケーキ理論華やかなりし頃。25日になると安売りされるそのケーキ同様、女性が結婚で自分を高く売れるのは24歳まで。1年たつと、売れ残りのバーゲンセールに突入する。制限時間いっぱいの、最初のあせりを覚えた年。

真理、25歳の秋。四捨五入すると30歳。かつての、マダムジュジュ化粧品のコピーが、まだ世の中を席捲《せっけん》していた。「25歳はお肌の曲がり角」。人生までが曲がってしまいそうな、そんなインパクトをもっていた。24と25のひとつの差がこれほどに違うのかと実感した年。

真理、27歳の夏。このままずっと仕事をしていくのかと思うと、空恐ろしさを覚えてしまった。好きで選んだ仕事なのに、ある日ベランダで布団を二しながら季節に追い越されてばかりいる自分に気づく。もう、若さがウリにならないことをはっきり自覚した年。

真理、29歳の冬。いよいよ、ラスト一周を切ってしまった。20代までのハーフマラソンの、トラック勝負がやってきた。大台に乗るまえに、結婚、出産、子育ての三大イベントを一気に駆け登りたい衝動にかられる。制限時間いっぱいの、第二の波がやってきた年。

寿命はのびても制限時間いっぱい

毎年ひとつずつ年を重ねていくのが本当に嫌だった。海外に行くたびに、とんでもなく大量のビタミン剤を買ってしまう。コラーゲン入りのナイトクリームを見つけては、次から次に試したくなる。エステに行って「今日はビタミンEどうされますか？」と聞かれると断れない。うっかり焼いた肌にシミができやしないかと、それはそれは気が気じゃない。

そして迎えた、30歳。もしかするとそのときの気持ちは、１００歳のきんさんぎんさんよりも老けていたかもしれない。

「もう、年だから」

「悪かったわね、30で」

当時は、まだ「トランタン」なんていう明るく健康的でしゃれた言い方はなく、「みそじ」や「大台」という重々しい言葉にぶち当たらなくてはならなかった。

大学の同窓会で、男たちは悪気もなく言う。

「そうか。あの真理ちゃんが大台とはねえ」（大学に入った頃は天地真理ブーム。しみじみとした口調になっているのは白いテニスコートを駆けぬけた残像のせい）

「あなたたちだって同じ大台じゃないの」

と切り返しても、彼らには私と違って余裕がある。これまで男とか女とかの意識がかなり薄かった私も、ここへきて男女のライフサイクルの違いを感じないわけにはいかなかった。

男性は寿命が長くなったぶん、それだけ悠長な構えに変わってきている。まあボチボチいきますか。距離がのびたぶん、前半に飛ばし過ぎると後半バテちゃいますからなあ。いってみれば滑らかなストライド走法だ。50歳から75歳へ年齢のゴムが単純に1・5倍に伸びただけのこと。で山根一眞《かずま》氏がいうところの、〝ゴムひも理論〟である。

ところが、女性は違う。82歳まで寿命がのびたからといっても、あいかわらず小刻みのピッチ走法なのだ。結婚適齢期のプレッシャーからは逃れられても、まだ女たちは出産適齢期からは逃れられない。子育ては老後の楽しみにとっておいて65歳で出産します、というわけにはいかないのだ。

母子手帳に押されるマルコウ（高齢出産）の年齢は30歳から35歳にあがった。でも、65歳にあがることはまずないだろう。ということは、また35歳という制限時間いっぱいにせっつかれていくのである。

女性のビッグイベントは人生の「前半集中型」

こうして見ていくうちに、私はあることに気がついた。女性は20代、30代という人生の前半に大きなライフイベントが集中していること。そして、年齢との葛藤《かっとう》も早い時期から味わっていること。ところが、男性が年齢のことで葛藤がはじまるのは、どちらかというと人生の後半からである。

体力の減退に始まって、出世の決着、出向、定年、退職、第二の人生のスタートと、大掛かりな揺さぶりは人生を折り返したあたりからドカンとやってくる。もちろん、男性も人生の前半で結婚や子育てを経験するが、女性ほどに葛藤があるとは思えない。子供が生まれたからといって、仕事との両立で迷うといった男性はまだそうはいない。

いっぽう女性は、結婚、出産、子育てという三大ライフイベントを、できるだけ20代から30代のうちに消化しなくてはならない。

そのなかで就職もして、働きながら妻も母も嫁もやるとなると、それはかなりあわただしい。結婚する相手によって住む場所も変わったり、生まれる子供によって手のかかりかたが違ったりと、自分の意志だけではいかんともしがたい状況が生じる。

つまり、人生の揺れ〝ライフ・マグニチュード〟は女性が前半集中型なのに対して、男性のほうは後半集中型である。人生葛藤の波は、どうも性差によって時差があるようだ。

そういえば、大厄の年は女性が33歳に対して男性は42歳で約10歳の開きがある。30歳のとき私に「そうか。大台か」といった同級生に、40歳のときは私がいう番だ。

「いいよ、大台ね。体調のほうはどう?」

時差はあってもそれぞれの性に、年齢の分水嶺《ぶんすいれい》みたいなものがあるのかもしれない。

ところで。

年をとるのは本当に難儀なことだと思う。森高千里は「私がオバさんになっても」という歌を23歳で歌っていた。

私がオバさんになっても　泳ぎに連れてくの？
派手な水着はとてもムリよ　若い子には負けるわ
私がオバさんになっても　本当に変わらない？
とても心配だわ　あなたが　若い子が好きだから

そんな話はバカげてる　あなたは言うけど
女ざかりは　19だと　あなたがいったのよ

作詞／森高千里　作曲／斉藤英夫

毎年オバさんに向かっていく恐怖

そうです。20代の私がずっとそうだったように、毎年オバさんに向かっていくのがたまらなく嫌でした。

「だいたい若い女がいいという男は、人間としての民度が低いんじゃないの？」

と私がいう言葉には険がありありでした。

この仕事なら長くやれるという確信もなく、この人となら一生やっていけるという男性も見当たらず、どうしていいのかわかりませんでした。職場にも家庭にも、どっちにも自分の居場所がみつからない不安と迷いと焦りがただ渦巻いていました。

こういうときは、むしょうに結婚に走りたくなります。学校出て社会見学も4、5年やって、ある悟りの境地にも達しています。まあこんなものよ。これだ！　と思える仕事とも出会えなかったし、やっぱり女の幸せは結婚かもねえ。それなら妥協しようが、惰性で暮らすことになろうが、男をだませる若さがまだ残っているうちにと結婚にケリをつけようとします。

これまで狙《ねら》いを定めてきた「一発逆転ホームラン結婚」とは、ずいぶん様相が違っています。でも、しないよりはまだましです。ホームベースさえひとつ確保しておけば、いつか仕事でヒットを打って塁に出ることも可能だからです。

結婚さえすれば、たとえ妥協と惰性の産物であっても、金屛風《きんびょうぶ》の前に立てば輝いてみえます。誰もが祝福します。

「よかったねえ、おめでとう」

親のホッとした表情に、救われます。

そして、出産・子育て、もうここまでくると称賛の嵐《あらし》です。この社会では「女」は軽く扱われても、「母」は尊敬されます。まるで別格の神聖そのものです。いつの時代もそうでしたし、今もそうです。とくに、出生率が落ちてる昨今、片や職場ではとうのたった順に人減らししようとしている今日では、もっとそうです。孫を抱く親の喜ぶ姿に胸がつまる思いがしてきます。

さて、ひとしきりの祝福と称賛がおさまると、そろそろ塁に出る頃がやってきました。何もいまさらホームランを打たなくても軽くヒットで出ればいいのです。ところが、いざバッターボックスに立ってみると、なんとバントのサインではありませんか。バットを振らせてももらえません。チームの点数を取るために、自分を殺して1塁走者の塁を進めさせるのです。

これなど、企業が利益をあげるために、正社員はだめだけどパートならいいよと言われるようなものです。打撃の実績がないと、まあこんなものです。実績がある人だけはまだ勝負が許されますが、

「いや、ここはチームのためだ。バントを成功させてくれ」

というサインです。

塁にさえ出れば、かつてならした俊足で盗塁もしよう、頭からスライディングする派手な動きもしようと心に決めていたのに、出塁できなければ見せ場もつくれません。自分のなじみの席には、いつのまにか若手が座っています。こういう若手の台頭がチームの活力

になっています。若くもなく、これといったワザもない自分はあまり必要とされてない気がします。

そう感じる頃には、家庭のほうも心配になってきます。妻の座という法律で守られた指定席まで若い女が侵入してくるやもしれません。夫との会話もここのところ減ってきています。体力の衰えを感じる中年期の男性は若い女とつきあうことで活気を取り戻したいと思う魔のときだと女性週刊誌に書いてありました。

そして、子供はいつのまにか自分の世界をつくっています。かつては母親がいなければ生きることさえできなかった子供たちも、もうそんなに母親を必要としなくなりました。世話をする相手がもうどこにも見当たりません。そしていつかは子供たちも親のもとから離れていく……と思うと、年をとっていくのがますます怖くなります。

と、まあ、こういう具合に、家庭に逃げ込んだところで年をとることの恐怖からは一生逃れられないことになります。こちらは年々若さを失っていくというのに、若い子は次から次に生まれてきます。確保したと思った指定席が死ぬまで自分のものという保証はどこにもないからです。まぶしい白さだったホームベースも、なんだかボロぞうきんのように変わり果てています。

年齢を味方につけるか敵に回すか

さて、困りました。ではいったい、どうしたらいいのでしょうか。

そこで、私の提案です。

私は20代という年代を結婚までの待ち時間とするのではなく、ただオバさんに向かっていくだけの恐怖の期間とするのでもなく、自分がやりたいことを見つける試行錯誤の期間と位置づけたらいいと思います。

なにをやりたいんだろう。なにができるんだろう。なにが好きなんだろう。なにが欲しいんだろう。なにがハッピーなんだろう。とりとめのない自分への問いかけを、この時期にきちんとやっておくのです。

なぜ、この時期かといえば、結婚・出産・子育てのイベント・ラッシュの波に入ってしまうと、もうこんな面倒な自分との葛藤《かっとう》は棚上げにしてしまうからです。母性への称賛から起こる拍手の音で、自分のなかから発する声がしだいに聞こえなくなるからです。

それでも、他人にかまけて一生を終えられた時代ならよかったのです。しかし、いまは、子育て後に45年という年月が横たわっています。いつしか心にポッカリとあいてしまう穴は、とても他人が埋められるような大きさではありません。自分で埋めるしかないのです。

だとしたら、自分に問いかけておかなくてはなりません。答えは簡単にでてきませんが、それでも、自分との葛藤はさけては通れないのです。これは、幼児期のはしかのようなものです。誰もが一度は通過するもので、しかし、大きくなってかかると命をおびやかしかねないというやつです。

自分のやりたいテーマが見つかったら、年をとっていくことの恐怖は減っていきます。自分のなかに蓄積されていくものを実感できるようになると、今度は年齢が自分の味方になってくれます。見つけようとする姿勢がないと年齢は敵になっていきます。

年齢を味方につけていくか敵にまわすか。この差はかなりのものです。たった一歩の違いが、上りエスカレーターに乗ったか下りエスカレーターに乗ったかで10年もたつと大きく違っているのと同じように。

できることなら、誰かの妻、誰かの母という役割を担う前にそれが見つかるとベターです。そうすると子育ての期間も時間を自分の味方につけていけますから。

Time is on my side

ときどき、こういう人がいます。

「家庭がイチバン、仕事は二番」といってた人が、現実の結婚に直面したとたんその順番が逆転してしまう人。また、子育て命！　と思っていた人が、家庭の密室のなかで酸欠状態となり一酸化炭素中毒を起こしてしまう人。

いちばん大事だと考えていた家庭すら、もうズタズタにしないと自分の息ができなくなってしまうような人。はっきり言って、周りはいい迷惑です。

自分にはどういう酸素が必要なのか、また、自分が気持ちよく呼吸していくのにどれぐらいの酸素量が必要かぐらい見当をつけておいて欲しいものです。女優や芸能人なら「芸のこやし」で済みますが、一般人だとなかなかどうしてです。

もう20代でもない、未婚でもない私はどうしたらいいの？　という声が聞こえてきそうです。そういう30代のかたは、40代に繰り延べしないで、また他人のせいにもしないで、自分と向き合ってみてください。夫がいい顔しない、子供がかわいそう、姑《しゅうとめ》の目が気になる？　いつまでも他人の話をするのは、この際やめましょう。

40代のかたは、50代にお預けしないことです。先送りしていいことは、なにもありません。気づいたときが始めるときです。これは、はしかなんですから一度は通る道なんです。どうですか、すこしかゆくなってきたでしょ？

最後にわたくし事ですが、20代から30代にかけて私はかなり長めのはしかをやっておりました。でも31歳のとき、もういい！　自分のことは自分で責任とるんだと覚悟をつけたところで発疹《はっしん》、発熱がおさまってきました。

照れてしまいますが、

「こんな私だけど、これからもよろしくね」

と自分に挨拶《あいさつ》なんかしちゃいました。小さい頃に描いていた姿とは置かれている状況も髪の毛の長さも違っていましたが、でもそういう自分を受け入れてみると気持ちが安定してきてラクになりました。

その間というもの、私は年齢との折り合いをずーっとつけられずにいたのです。長いことわずらった末に31歳の自分を31歳のまま受けとめてみたら、案外すんなりと折り合いがついてきました。

はっきり言って、答えを出すまでには勇気が必要でした。末っ子の私はきっと誰かの庇《ひ》護《ご》のもとでしか生きられないと、かたくなに思ってきたからです。世にいうキャリアの柄《がら》は自分には似合わない、とも思っていました。

でも、30過ぎて末っ子真理ちゃんもなにもあったもんじゃありません。もういまさらフリフリのレースでもありません。結局すったもんだしながらも、仕事をしてきたんですから。

もう、いいじゃない。35までに誰かさんのようにはなれなくたって、80年かかって松永真理になればいいんだから。自分のペースでいいんだし、この仕事を長くやっていきましょうよ、と初めて本気で考えられるようになりました。

すると、不思議なものです。「こんな私」がいい、って人が出てくるんですね。世の中捨てたもんじゃないと思いました。世の中捨てちゃあ、おしまいです。「私のこんなところ」と自分の焦点を絞っていくと、ひとりぐらいはいるもんなんですね。なにも、30人も50人もの人にわかってもらえなくたっていいんです。ひとりでいいんですから。「シンデレラのような私」「あんな風な私」ではなく、「私のこんな」「こんな私」で結婚すると、その後の生活にも無理がないということがよくわかりました。これは、おすすめです。

時間を味方につけていく。ローリング・ストーンズが「Time is on my side」で歌っていたのもまさにそうでした。時間はいつも私のそばにいる。もしかしたら、誰よりも長くそばにいる時間を自分の味方につけていこうよ、と。

はしかが去って、ずいぶん経ちます。もうそんなに年をとるのが怖くなくなりました。ビタミン剤も高価なクリームも、やたらと買わずに済むようになりました。肌の調子も良好です。やりたいことが見えてくると、あの時のような心のカサカサが顔にでなくなったようです。

以上、中継地点からの中間報告を松永がお伝えいたしました。

第3章　なぜストレスから逃げるの？

入社4年めの秋のことである。1冊の臨時増刊号を任されることになった。いってみれば4年めにして編集長で、表紙から企画から構成から自分のやりたいように料理できるのである。

もちろん、好き勝手にというわけにはいかない。いくつもの部署のいくつもの役割の人に了承をとって回らなくてはならない。でも、確認さえとっておけばまるごと1冊、自分の思いどおりにできる。

しかし、そうは問屋が卸さなかった。販売部と営業部で意見が食い違うし、事業部長が何かとおもいつきを言ってくる。

「実質の編集長はキミなんだから、任せるよ」

と言っていた編集長までが口を挟んでくるではないか。こちらを立てれば、あちらが立たず。まだ25歳にして私は中間管理職の板挟みストレスとやらを味わうことになってしまった。

それでも、1ヵ月150時間の残業に3ヵ月も耐え板挟み状態から抜け出せたのは、ひとえに納品された本を手にして眠りにつく日のことを夢みていたからである。実際、納品されたばかりの本は人肌のようにあたたかい。手にとるだけでそれまでの苦労がいっぺんに吹き飛ぶ魔力をもっている。

　ましてや、自分が手塩にかけて作った最初の1冊である。どんな恍惚《こうこつ》感に浸って眠りにつけるかと思うと多少の疲れやイライラも乗り越えられたのである。

　ところが、結果はあまりにも残酷だった。うら若き、か弱い女性を打ちのめすのに十分な仕打ちが待っていたのだ。そのとき私は外部のプロダクションで次号の打ち合わせをしていた。そこへ、事業部長からの緊急電話が入ってきた。

「すぐに、社へ戻るように」

「まだ、打ち合わせが終わっていませんが、何か？」

「戻ったらゆっくり話すが、ノンブルと目次が合ってないんだよ」

「ああっ」

「もしもし、おい、どうした」

　その瞬間、私の脳裏には刷り上がった雑誌を次々に断裁していくシーンが映った。10万部の雑誌が山と積まれたボリュームを思い浮かべたとたんに、受話器を手にしたまま私はその場に倒れてしまった。完全に気を失ってしまったのだ。

　ノンブルとは、ページを示す数字のことで、目次の数字と照合するのは雑誌づくり最後の重要な仕事である。それも、検索性をむねとする情報誌においては許されない間違いなのだ。

倒れた後どうなったのか、まるで記憶にない。ただ恍惚感に浸って眠るはずの夜に、気を失ったままプロダクションの事務所のソファーに横たわっていたのである。

ストレスの言い分も聞こうじゃない

思えば、20代はストレスに満ちていた。

仕事もよくわからなければ、恋愛も先がよめない。結婚を意識しながら恋をするのは実に疲れるものだ。かといって、純粋に恋に生きる勇気などとても持てない。当然、仕事にだけ生きる勇気なんて、もっと持てない。

この先どうなるとも分からない宙ぶらりんの状態で、仕事の責任だけは重くなる。ああ、いやだ。毎日、同じ電車に乗って会社へ行き、同じ顔を突き合わせながら仕事をするのが、突然ばからしくなる。このままでは何の発展性もないじゃないか。毎週、毎週、入稿作業の繰り返しをして二度とない青春を擦り減らすだけで、いったい何になるというのか。

あとにも先にも卒倒したのは4年めのその1回だけだが、落ち込んでくると必ずそのような迷いが噴き出してくる。それも悲しいことに、編集の仕事にミスやらトラブルはつきものだ。自分の失敗だけでなく、ささいなミスが重なって取り返しのつかない事態に発展したりすると、もう逃げ出したくなる。ストレスはいよいよ最高潮に達するのだ。

私は、失敗に案外弱い自分を認めるしかなかった。そして、他人に謝る行為に、もっとも強いストレスを感じる自分がそこにいた。私が悪いわけじゃないのに、なぜ謝らなければならないの？　と思うと、ごめんなさいと言えなくなる。

「悪いと思っています」

としか口から出てこない。すると、相手の心証はますます悪くなる。

「悪いと思ったら、謝れ！　だから女は」

という言葉が出ようものなら今度は私の怒りがこみあげてくる。

どうもストレスというやつは、その存在を認めてあげないことには、ますます意固地になる習性を持っている。誰かに似て、これはたちが悪い。

「はい、わかりました。ストレスさんのお出ましですね」

と言ってあげないと、さらに大きなストレスを伴って迫ってくる。

くやしいけど、私は観念することにした。正直言って、もう二度と倒れたくないと思ったし、ストレスに意地をはっていても勝負になりそうになかったからだ。相手は私よりも一枚も二枚もうわてだったのである。

自分探検のいちばんの娯楽

ストレスたちと敵対するのは得策ではない。まして、避けたり無視したりするのは、もっとよくない。彼らにつけいるスキを与えるだけである。それならば、いっそストレスたちの接近を前向きに受け入れてみるのはいかがなものか。

私はストレスに業《ごう》を煮やしつつも、それでも彼らがそんなに失礼なタイプではないことを知っている。突然、大軍となって現われたりはしない。

こめかみあたりでピクピクしたり、腸のなかでゴロゴロ言ったり、ちゃんと来訪のサインを送ってくる。それでもこちらが気づかなければ、じんましんや寝汗に変身したりして、「そろそろですよ」と事前に知らせてくる。そういった告知の努力をけっして怠ってはいない。

しかも、彼らは人によって変容した姿で登場する高度な芸を身につけている。ということは、ストレスのかたちによって、むしろこちらが自分を知る手立てにすることもできるかもしれない。

私は体力からいって無理がきくのは1ヵ月だわ、とか。私って自信家で野心家タイプにひかれるけど、そういう人と一緒にいると疲れやすいんだわ、とか。

誰だって、自分への興味は尽きないものだ。占いだって手相だって人気が衰えないのは、自分のことを知りたがる自分がいるからである。教育的な本はどれも、

「ストレスと上手に付きあおう」

などと忠告するが、いっそのことストレスを知るのは、

「自分探検のいちばんの娯楽だ」

ぐらいにとらえてみてはどうだろうか。

見ている自分と、見られる自分。人知れず自分を覗《のぞ》き見する楽しみのほかに、自分がすこしずつわかってくる楽しみ。厄介なストレスを御するのに、この二重の楽しみは実に心強いところである。

「ストレス指数」の高いタイプ

何が厄介といって、人間関係ほどむずかしいものはない。

転職の理由として、「お給料の不満」と「人間関係」はいつもトップ2に挙げられている。ところが、お給料なら求人広告をみればわかるが、人間関係ばっかりは入ってみないとわからない。

もしかして前の職場よりもさらに大敵となる人が出てくるかもしれないし、人間関係はより悪くなることもある。逃れようにも、こればっかりはどこまでも付いて回る。

組織を離れて独立したとしても、他人と接しないで仕事をするわけにはいかない。人間関係が辛《つら》いからと仕事を辞めて家庭に入ったとしても、地域活動やら親戚《しんせき》づきあいが待っ

ている。嫁と姑《しゅうとめ》のニアミス問題もいっこうに衰えをみせない。

他人との摩擦を避けてカプセルの中でぬくぬくと生活し、ひとりでらくらくと死んでいくという構図にはなっていないのだ。むしろ神様は、人を生後1年も歩けなくしたり、老いるとまた人の手を必要とするように造っている。わざわざ人との煩わしさを課したとしか思えない、そんな一生のプログラムなのである。

そうだとしたら、また、この煩わしさも引き受けなくてはならない。ストレスをためる一方ではあまりに能がないので、自分はどういう人にストレスを感じるのか指数化する楽しみもあった方がいい。


小学生の頃、なぜか私は理科の時間になるとお腹がいたくなった。

「先生、保健室でおクスリもらってきてもいいですか」

と言ってはよく保健室のベッドに横たわっていた。

今から思えば、それはあきらかにストレスであった。1年生の時、太陽の光と影の関係がどうしても理解できず、テスト用紙に、

「家に帰って、復習しましょう」

と書かれたことがある。

母はいたく悲しんだ。まだ学校が始まって数ヵ月だというのに、もう授業についていけ

ない子供ができてしまった、と。母は紙とエンピツをもってきて姉たちには一度もやったことのない復習を開始した。

「はい、ここに1本の棒があります。こちらから、太陽の光がさしてきました。では、影はどちらにできるでしょう」

「こっち」

と私が指すほうは、なぜか太陽と同じ側であった。どうしても私には、光が棒にあたってはねかえり、それが影になるとしか思えなかったのだ。母は何枚も絵を描いて試みた。

「お母さんって、絵が上手だね」

と感心すると、母の悲しみはさらに深まった。

とうとう、母は絵を描くのをやめて私を外へつれだした。

「太陽はどっち？　あなたの影はどっち？」

それはまるで、ヘレン・ケラーを井戸の際までつれだすサリバン先生のようだった。

理科に対する苦手意識は学年があがるごとにますます強くなっていった。1科目ぐらい仕方ないとあきらめていたら、高校に入ると生物に化学に物理に地学と苦手科目はいっきょに4倍となった。それに比例して私の苦しみも増えていった。

社会に出ればさすがに理科とは関係なくなるだろう、と思っていたら大間違い。相手が理系と聞くだけで、お腹がゴロゴロしてくるのだ。それに、世の中では論理だてて話さないことには話を聞いてもらえない。私の得意とする脈絡のない自由会話は、頭から否定された。

会議で発言するたびに上司に報告するたびに、私の緊張は最高潮に達する。しかも、胃はキュッと収縮しゴロゴロと音も鳴りだすと、しどろもどろが一層、加速する。そして、相手から「ところで、何を言いたいの？」と聞き返されようものなら、私の副腎髄質《ふくじん》から大量のアドレナリンが分泌されるのであった。

会社生活も慣れてくると、ロジカルにアプローチする技術もすこしは習得できた。結論から、まず言う。数字を適度にまぶす。

「言いたいことは、3つあります」

と言ってから、3つをひねりだす技もいつのまにか自分のものにした。

ところが、正真正銘の理系タイプを前にすると、私のロジカル風アプローチはことごとく馬脚を現わすのだ。そして、相手から、

「3つと言うけど、3番めは2番めから自動的に導きだせる内容だから、本質的には、2つということだね」

と念を押される始末。2つも3つもたいして変わんないじゃない、といえる相手ならまだいいのだが、そうでないとまたアドレナリンの追加である。

理科が苦手で理系とロジックに弱い私のロジック・コンプレックス（略してロジコン）

は会社生活のストレスの根源をなした。理系っぽい話し方をする人で、見るからに頭のよさそうな人を前にすると緊張し、心臓の鼓動が速まるのだった。

どこまでも底意地の悪い人

もうひとつ、どうしようもなく苦手のタイプが底意地の悪い人である。私は大うそつきだろうが超エゴイストだろうが、そういう人にはストレスを感じない。たとえ、こちらが被害を被《こうむ》ったとしても、主体性をもって生きている人にはそういう人なんだと最初からあきらめてかかっている。

しかし、私が絶対に許せないのは人の主体性を邪魔してかかるタイプだ。組織の中には、こういう人がいっぱい棲息《せいそく》している。自分に主体性がないのなら、せめて人がやろうとすることを邪魔しないでよ、と叫びたくなる。

「前例がない」「奇抜すぎる」「リスクが大きい」が決まり文句で、人が新しいことをやろうとすると、ことごとく反対する。代案があってのことではない。反対のための反対であって、底意地の悪さしか見えてこない。

私が体験したなかで、意地悪さの筆頭といえば、ある大企業の秘書室長のケースである。

私は『就職ジャーナル』のトップインタビュー企画で、ぜひ社長にご登場願いたいという依頼を申し込んだ。広報室長あてに依頼状を送付したら、秘書室長あてにお電話くださいという返事がきたので、さっそく電話することにした。

初めての人に、電話で依頼することほど緊張することはない。相手の顔も知らない。相手の表情もよめなければ、相手の状態もわからないところで、取材依頼するのは、何度やってもドキドキすることだ。

そこへいきなり、無愛想な声の登場である。

「おたくの雑誌では、前例がないですよね」

出た。前例の人である。もう、このひとことで、これからの会話の展開がだいたいよめるのだ。

「部数7万部ですか。少ないですね」

「就職を希望する大学4年生が約30万人ですから、4人に1人と考えるとまあ読まれている雑誌なんですが」

「うちは30万部以上の雑誌かステータスのある雑誌にしか、社長は登場しないことになっているんですよ。こちらの基準外といったところでしょうか」

「御社の事業活動にすぐにはリンクしないかもしれませんが、学生はいずれ御社の顧客にもなる人たちですし」

「わざわざ、社長の時間をさく程のことでもないですよ。だいいち3週間で社長のアポイントをとれというのは、あなたは相当に心臓の強い人ですね」

もう、このあたりから私の手は震え始める。もう、声が出てこない。すると、ますます、相手の独壇場だ。

「私どもの社長がそんなに暇とでもお思いなんでしょうか。女性はこれだから困るんですよ。世間知らずをいいことに、大胆におやりになるんですよね。こういう失礼を顧みないやりかたを、女性のやる気と勘違いする人もなかにはいますけどね。松永さんと、おっしゃいましたっけ。編集者としての基本を身につけてから、お電話をされてはいかがですか。どれくらいのキャリアをおもちか知りませんが、よく女子大生が憧《あこが》れだけで編集者になって勘違いしている人も多いようですから」

長く仕事をしていると、意地悪な仕打ちに何回も遭遇してきた。しかし、最後まで意地悪の手をゆるめないのはかなりの筋金入りだ。口を開くとお腹の中から怒りが飛び出しそうだったので、私は黙って聞いていた。でも、最後のキャリアへの侮辱を聞いた時もう黙ってはいられなかった。

「わかりました。3週間前という大変失礼なお願いでしたので、来月号までの7週間ではいかがでしょうか。改めてご依頼状を出させて頂きますので、再度のご検討をお願い致します」

ガチャン！

ストレスと意地悪の構図

言わなければよかった。また、嫌な思いをすることはわかっている。だが、ここまで侮辱されると、相手がどんなやつか見とどけないことには気がおさまらなくなっていたのだ。

翌月、その企画はできるものならどうぞ、という相手の意地悪に支えられ実行された。予想にたがわず、意地悪はどこまでも続いた。きっといつかは、

「きみを試すつもりだったけど、まあ、よくやったよ」

のひとことぐらい聞けるかと思った。だが、まだまだ私は甘かった。こういう意地悪はアイデアと違って枯渇するどころか次から次へと湧《わ》いてくるのだ。

「大変でしたよ。時間調整するのは。なにせ東欧へ出張する前のあわただしい時期ですから」

(それがあなたの仕事でしょ。私に恩をきせて、どうするの)

「時間は1時間きっちりにしてください。オーバーするようなことがあったら、もうおたくの雑誌には、二度と登場しませんから」

(そうやって、すぐおどす)

「原稿は見せてくれるんでしょうね。社長が原稿を見たいといった時は、チェックに最低3日はいただきます」

(秘書室長なんだから、あなたが読めば済むでしょうに。社長を忙しくさせてるのは、周りが無能だからよ)

用意してほしい資料を要求すると、

「なぜ、必要なのか？」(資料なしで、どうやって正しく書けるというの)

といってくるし、もう、ほんとに疲れきった7週間だった。よく、人に誠意を尽くすといつかはわかってくれるというけど、そんな生やさしくはないですよ、この世の中。

ただ、インタビューの当日、私はある瞬間を見逃さなかった。取材には、秘書室長ではなく広報室長が同席した。社長は広報室長に全幅の信頼をおいているのがわかる。それにひきかえ、

「社長、3時からは外出です」

と念を押す秘書室長には、

「わかっている」

と冷たいあしらいだった。答えるのも面倒くさそう。そうか。社長の愛の欠乏感から、秘書室長は相当にストレスをためていたんだ。

おおくの会社で広報室長と秘書室長の確執は存在する。ひとりの社長をめぐって、その愛と信頼をかちえようと、それはそれは必死の闘いだ。嫁と姑《しゅうとめ》の争いどころじゃない。

それが、はたから見てもすぐわかる。この場合、広報室長の優秀さのほうが、だんぜん

光っている。本物のエリートは自分に余裕があるので、少数意見にも耳を傾け相手をリラックスさせる術《すべ》を心得ている。女性にもやさしい。

たちが悪いのは、いっけんエリートの人たちだ。女性という一般名詞でしか相手をとらえられない。女性がなぜビジネスの世界に入ってくるんだという気持ちが、すぐ顔に出る。言葉に出る。余裕がないので、人をなごませられない。ストレスのはけ口として、意地悪に走る。

なあんだ、そんなことか。こうしてストレスと意地悪の構図がひとつ解けたのである。意地悪される私より、意地悪する彼のほうがずーっとかわいそうな人なんだとわかったことで、私のストレスはようやくおさまってきたのであった。

架空のカード式人間整理法

この地獄の7週間には、もうひとつの収穫があった。嫌いな人に対するストレス抵抗力を身につけられたことだ。ものの本にはよく、嫌いな人がいたら嫌いなところには目をつぶって、その人のいいところを見るようにしよう、と書いてある。だが、底意地の悪い人にいいところなんて見つかりっこない。無理にいいところを探そうとして、またストレスを溜《た》めるぐらいなら、意地の悪さを徹底して観察したほうがよっぽどいい。

意地悪をいうときの口もとの微妙な動き、瞳孔《どうこう》のひらきや、眉《まゆ》のかたちの変化など、感情の発露となる顔の表情をじっと観察するのもライブならではの面白さだ。それに、自分の想像をはるかに超える意地悪や、人間性の根底から人を悪意に落としこむような術は、いずれ小説を書くときの格好の材料になるかもしれないではないか。

とかく人間関係にお悩みの方にお勧めしたいのは、架空のカード式人間整理法だ。自分で勝手に、生年月日やら出身県やら書き込んでいく。きっと広島だわ、いや意外と横浜のはずれあたりかな、とあれこれ考えてみるだけで結構時間は過ぎていく。

「そういえば、静岡っぽいなあ、と思っていたんですよ」

で、いいわけだ。

現実に近くない方がいい人は、野菜や食べものにたとえる手もある。アクのしつこいハスかな、とか。ハスだと花が極楽に咲くというから、もったいない。カラス貝あたりかな、でもいい。あだ名をつけていったり、クセを誇張していったり、こちらの想像力しだいでいくらでも楽しむ方法は開発できる。

どうせ五十数億人のなかで、出会える人なんて限られているのだから、先着30名様ぐらい架空のカードにご登場願うのも悪くない話だ。

自分専用のストレス・メニューづくり

カラオケでストレスを発散する人もいれば、カラオケがストレスのもとになる人もいる。

人前でのスピーチが憂鬱《ゆううつ》で沈んでいく人もいれば、晴れ晴れとして元気になっていく人もいる。

休日の接待ゴルフにしても、宮仕えの大変さを語る人もいれば、喜々として出かける人もいる。私もゴルフのコースに出るまでは、

「男の人って大変だなあ。休みの日まで早起きして」

と心から同情したものだが、そうではないことがわかった。広々としたグリーンの上でスウィングする爽快《そうかい》さは、早起きの苦労の比ではない。

「いやあ、今度の週末も接待が入ってしまって、体がもたないよ」という旦那《だんな》さんが、本当に体にムチ打って出かけているのか、いつもより寝起きがいいかは、要注意ポイントである。

ストレスは人によって感じ方も違えば、その日の天気によっても、またその時の状況によっても違ってくる。それぐらい複雑で、とらえにくいものである。しかし、自分のストレスを知ることで、「自分探検のいちばんの娯楽」に仕立てようとするならば、自分専用のストレス・メニューを作っておくのも一興である。

指標化する基準として、地震のときの震度を目安にするのはどうだろう。

ストレス調査などで示される、1位が配偶者の死で、2位が会社の倒産といった指数が

ある。これは、ストレスの原因となる衝撃の強さを示したものである。地震の指数でいえばマグニチュード表示に相当する。

しかし、重要なのは衝撃の大きさそのものよりも、それを受けとった側の感覚のほうである。地震の場合でも、物理的で客観的な指数のマグニチュードに対して、昔ながらの体感指数がある。

日本では8等級の震度に分かれていて、無感地震（震度0）のあとは以下のとおりだ。

震度1〈微震〉　静止している人や特に注意している人だけに感じ得る程度の地震。
震度2〈軽震〉　一般の人が感じ、戸障子がわずかに動く程度の地震。
震度3〈弱震〉　家屋が動揺し、戸障子の鳴る程度の強さの地震。
震度4〈中震〉　家屋の動揺が烈《はげ》しく、すわりの悪い器物は倒れ、器内の水はあふれ出る程度の地震。
震度5〈強震〉　壁に割れ目が入り、墓石や石灯籠《いしどうろう》が倒れ、煙突や土蔵が破損する程度の地震。
震度6〈烈震〉　家屋の倒壊が約30％以下で、崖崩《がけくず》れを生じたり、盛土の道路そのほかに地割れを生じる程度の地震。
震度7〈激震〉　家屋が30％以上倒壊し、ひどい山崩れや地割れを生ずる程度の地震。

カラダのほうが正直だから

震度は人体が受ける感覚のほか建造物が受ける影響などの程度によるものなので、広辞苑では旧来の木造家屋を想定した表現がなされている。石灯籠なんて滅多に見なくなったし、戸障子も近頃はアルミサッシにとってかわられ、ニュアンスはやや違っている。

しかし、それでも揺れの感じはよく伝わってきて、これにストレス反応をあてはめてみると、軽震なのか弱震に移ったのかがつかみやすくなる。

もっとわかりやすくするには、動詞を拾ってみるといい。

たとえば微震と軽震は、「感じる」。弱震は、「揺れる」。中震と強震は、「倒れる」。そして、烈震と激震は、「割れる」。

つまり、感じるだけなのか、揺れなのか。もはや、立っていられないところまできているのか。私は、この体感の違いをきちんとつかんでおく必要があると思う。オリジナル・メニューをおすすめしたいのも、現代のようなハイストレス社会を生きぬく知恵だと考えるからだ。

そして、最後にひとこと。揺れに強くなる分には賛成だが、倒れてしまっては元も子もない。

そういう時は、カラダが発する声にもっと耳を傾けよう。だって、頭で考えるよりもカラダの方がずっと正直なのだから。どうしてもカラダがついていかなければ、無理することはない。

教訓。ここだけの話だが、カラダの言い分には忠実であろうよ、ね。だって、一生つきあうのは、会社ではなく自分のカラダなのだから。

第4章　なぜ資格を取るの？

その事件がなければ、私はそもそも資格に興味を示さなかったと思う。

あれは、入社5年めの12月のことである。友達とお正月をハワイで過ごそうと夏ごろから計画をたてていた。旅行会社に6人のツアーを組んでもらい、入金も早々と済ませ、あとは常夏《とこなつ》の島へ向かうだけでよかった。

しかし、グループで行動を共にしようとすると、必ずといっていいほど足並みを乱す人がひとりはでてくる。その時は、私がそのひとりであった。パスポートの有効期限が切れていて、12月の混雑のなかで取るのは無理ですよと旅行会社から冷たく言い放たれたのである。

「最短コースでなんとかやってみます」

と言いきったものの、必要書類の住民票を取りに行く時間がとれない。新宿区役所の出張所までなら、自宅から歩いて15分の距離である。しかし、12月は新年合併号の特別企画があって、こちらの仕事もピークを迎える。それどころじゃないのだ。

私は周りからひんしゅくを買うのを承知で、午前中を半休させてもらうことにした。仕方ないわね、と口では言ってくれるものの、どうせハワイに行くためなんでしょ、と険のある顔つきに変わっていくのがわかる。

超多忙のときでも親が倒れたとなれば、

「すぐ行ってあげなさいよ、ここは私たちに任せて」

と心から言える。だが、遊びのためとなると、とたんに冷たくなるのが人間の心理というものだ。ときどき、親戚《しんせき》の伯父《おじ》や伯母《おば》が死んだとウソをついて休みをとる人がいるが、まだウソをいってもらった方がいい場合だってある。言い訳するたびに親戚をしょっちゅう殺すのもなんだが、忙しいときに遊びのために休むのはもっと罪深きことである。

せめて少しでも早く会社に行けるようにと、9時の開所時間と同時に新宿区の出張所に飛び込んだ。師走《しわす》というのは、師が走るほどに忙しいという意味だが、どうも区の職員までは走らなくてもよさそうである。両手でもった湯のみ茶碗《ぢゃわん》をゆっくり口に運んでいる人もいれば、奥のほうでは新聞を広げている人もいる。老眼鏡をかけ鼻の下をのばすようにして新聞を読む光景というのは、田舎の祖父をほうふつとさせ、一瞬、都会の真ん中にいることを忘れてしまうほどであった。

国が発行したものでなければ

とにもかくにも住民票をすぐに取らなければいけない。それに、父から頼まれていた印印鑑証明の期限も迫っている。2枚の用紙に必要項目を書き込んで窓口へもって行った。

「住民票はすぐ発行できます。パスポート申請のためにお急ぎなんですね。でも、印鑑証明のほうは今日は発行できませんので、後日また来てください」

との答えだった。この半日の休みをとるのが限界で、とても、もう1回など来れるわけがない。私は必死の思いで、今日1回で済む方法がないものか尋ねてみた。

「いまここに、ご本人だと証明できるものがあれば登録できますが」

とシブシブの答えが返ってきた。たしかに印鑑証明なんて重要なものを、紙切れ1枚でホイホイ出されても困る。まずは仮登録をして、役所から届いた郵便物をもって本登録するのが正しい方法だろう。しかし、緊急の場合は本人であるという証明ができるとオーケイの方法もあったのだ。

なんだ、それなら最初から教えてくれればいいのにと思いつつも、そんな気配はおくびにもださず、

「では、これからすぐ家に戻って証明書をとってきます。走れば20分で行って帰れますので。後日というのが、ちょっと難しいものですから」

そう、後日なんて簡単にいかない人もいるんだから。その辺のことわかってくれてもいいのに。そう思いつつ、急いで家に戻り、各種の証明書をもって再度飛び込む。奥ではまだ新聞を読んでいる。9時半を過ぎて仕事らしい仕事をしているのは、その窓口の女性ひ

とりである。暇そうなのに、またもや、

「これでは、証明できません。また後日来てください」

と、つれない答えが返ってきた。「パスポートの期限が、先月で切れていますから」

ガーン。頭がくらくらしてきた。20分の全力疾走の後だけに、動悸《どうき》、息切れも激しい。

新しいパスポート申請のために、住民票を取りにきていることぐらいあなたはわかっているじゃない。健康保険証だって、社員証だって、丸井のカードだって松永真理とこれだけ証明してくれているのに、どうして目の前にいる私が本人ではないと、そこまで言うわけ？

「クルマの免許証はお持ちじゃないのですか。国が発行したものでないと、本人とは認められません」

と、また言いかたがきつい。私はクルマの免許を取っていないので、今日まで各種証明書の組み合わせでやってきた。郵便局で現金書留を受け取るときだってそうだ。

「あのう、そちらでは証明できるものをコピーにとって、どちらかへ提出されたりするのでしょうか」

と必死で気持ちをおさえながら聞いてみた。

「そんなことはありません。この場で証明できればいいのです」

その頑《かたく》なまでの対応に、もう結果はよめた。しかし、私はひとこと言わないわけにはいかなかった。

「もし、ここが成田の出国審査をする所で、これでは出国できませんと言われるのなら大変よくわかります。でも、このパスポートに貼《は》ってある写真の顔と、あなたの目の前にいる私は違う人間なのでしょうか」

私の声は震えていた。だが、その役所は何もなかったかのように穏やかな空気がただよっていた。奥でまだ新聞を読んでいる姿が遠くに見えた。

とてもじゃないが新宿区に住民税を納める気にはなれず、私はすぐにも別の区へ引越すことにした。

自分で自分を証明できない

「国が発行したものでなければ、認められません」

このひとことは、私の脳裏に焼きついて離れなかった。私がクルマの免許をとらなかったのは、周りからのやめたほうがいいという忠告に従ったまでのことだ。私のように、ただ歩いていても曲がるときに角でぶつかるようでは、絶対に事故を起こすからと複数の人から指摘されていた。私は取りたい気持ちは山々ながら、周りのことを考えて遠慮していたのである。

しかし、免許もない、国家資格といえるものが何もない私にとって、パスポートは海外に行くためのものではなかった。この国で、自分を証明する唯一のものなのだ。日本に生まれ、日本で育ち、これだけ、毎月数万円も税金を納め続けてきているのに、それでも自分で自分を証明できないという悔しさは、おそらく体験してみないとわからないだろう。

よく、「どうして女性はそんなに、資格、資格って、資格にこだわるんでしょうかねえ」という男性がいるが、そういう人はひとつの企業にどっぷりつかっているから気づかないだけのことだ。資格をもっていないと、自分を証明できるものが何かないと、この社会は実に冷たいときがあるのだ。

たとえば、子育てを終えて再就職するときが顕著である。どれだけキャリアを積んでいても、まずは年齢を見られ、次にブランクが長いですねと、それこそ私のパスポート期限切れ事件と同じような対応なのである。

ひとつの会社で、中断することなくずっと長くいるなら資格なんて必要ない。その証拠に終身雇用が崩れてくると、ホワイトカラーの人が中小企業診断士だの社会保険労務士だの資格に走っているじゃあないですか。近頃では機を見るに敏な学生が、ダブル・スクールにダブル・ライセンスとまで唱えるようになってきている。

業《なりわい》としていい認定と技能の認定

資格ってなんだろう、と考えていくと、大きく2種類に分けられるのに気づく。

そもそもライセンスがないと、業《なりわい》としてはいけない資格群。医者とか、弁護士とか、薬剤師とか、どちらかというと命に関係するくくりがまずある。国家認定資格といわれるものには、だいたい、これにあたるものが多い。運転免許も国が認めるライセンスで、人の命がかかっているし、運転を仕事にする場合は、さらに専用の免許が必要になる。

もうひとつは、技能をはかる資格群である。英検や、簿記などでおなじみだが、業界団体や商工会議所などが主宰している。これらの資格は、3級よりも2級、2級よりも1級が技量においてまさっているとしっかり認定しているものだ。

さて、資格はここからが紛らわしくなる。実際にはそのふたつが混在しやすいため、技能か認可かの区別がつきにくくなるのである。

たとえば、建築士の例で見てみよう。

建築士資格は、1級建築士と、2級建築士、木造建築士とに分かれている。建物が倒れたりすると命にかかわるので、これも国家認定資格のひとつである。

1級は建設大臣が認定し、2級と木造建築士は都道府県知事が認定する。ところで、1級と2級ではどう違うのか。設計・管理できる建築物が2級だと高さや延べ面積に制限が設けられているのに対し、1級にはそれが設けられていない。

では、建築の設計が2級よりも1級が一流かといえば、そういうことではない。ここではデザインのうまいへたには関係ない。ただ素人考えでは、1級のほうが2級よりも上手そうだなと感じてしまうのが問題なのである。

1級を持っていていいことは、自分で独立する場合に規模の大きなものを造れる事務所に認定されることだ。でも、これにしても、事務所で誰かひとり1級をもっていればいいわけで、1級をもっていないと一流の建築家になれないということではない。

こうなってくると、本当に資格は紛らわしくなる。

世界的に有名な建築家、安藤忠雄氏は建築界では異色の存在だ。建築界といえば、丹下健三氏を筆頭に東大卒がひしめき、それでもまだ足りないのかハーバードやコロンビアの大学院博士課程修了という超・高学歴の人が多い。そういうなかで高卒の元ボクサーとくれば、もうそれだけで異彩を放つ。

そういう安藤氏に「1級建築士の資格をおもちですか」と聞く人はまずいない。アッパーカットが飛んでくるからではなく、資格の有無を聞くまでもないからである。住吉の住宅やセビリア万博のパビリオンの実績が、一流建築家であることを何よりも物語っている。ということは、もうすでに実績がある人にとっては、資格なんて関係ない。そして、1級建築士だから仕事の中身が一級とも限らないのだ。

医者の免許がある人が、すべて医は仁術と心得ているわけではない。医は算術だと思っている人だっている。つまり、医師という国家認定のライセンスがあれば医師の仕事はできるが、だからといって人間性や技術まで保証されているわけではないのだ。資格にはこういった混乱がたくさん存在している。

資格は世につれ需要につれ

ひとくちに資格といっても、その数は3000種以上あると言われている。世の中が変われば、当然のように資格も変わる。かつての花形資格でも、いまではシーラカンス資格と呼ばれているものがある。

電話交換手の資格は、その最たるものだろう。もはや、機械によって自動交換業務が可能となり、電話のコードを穴に差し込んでいくシーンなどは昔の映画でしかお目にかかれなくなった。

タイプライティングも同じようなことが言える。それこそ、小津安二郎《おづやすじろう》の映画のヒロインが鎌倉の家から丸の内に通う華のOLを演じているが、そこでやるのがタイプの仕事だ。当時いかに憧《あこが》れの仕事であったかがよくわかる。

とくに、和文タイプは減少するいっぽうだ。かつては、役所に提出する公式文書は和文タイプという決まりごとというか「役所の掟《おきて》」があった。私が入社したての頃は、和文タイピストによくお願いしたものだが、この15年あまり一度もお願いしたことがない。

ワープロの資格もいまでこそ重宝されているが、これだって時間の問題かもしれない。いまはまだワープロも打てないおじさんたちがいるからであって、誰もが電卓を打つようにワープロを打つようになったら需要が減っていくだろう。そういえば、電卓2級とか、電卓1級なんて聞きませんものね。

つまり、技能の資格というものは、技術の進歩とともに一瞬ですたれるときがあるということだ。日本人が日本語を使う限り大丈夫と思っていた和文タイプだって、あの「ガッチャン、ガッチャン」と誇らしく音をたてていたというのに、あっという間にワープロにとって代わられた。技能の資格には、いまはよくても将来にわたっての保証がないことを、肝に銘じておかなくてはならない。

お蔵いりする資格があれば、いっぽうで新しく生まれてくる資格もある。人気が沸騰する前の新資格は比較的取りやすく狙《ねら》い目でもある。

いまや人気資格の社会保険労務士がうまれたのは、１９６９年のことである。公認会計士（１９４８年）や税理士（１９５１年）よりも歴史が短く、取るなら今がチャンスと、まるで住宅か株のように言われた時期があった。私でも本気で取ろうと思ったし、資格の企画案で「彼は税理士、私は社労士」というのを出したこともある。

さて、シーラカンス資格に対して、ぴかぴかのニューフェイス資格といえば、マンションリフォームマイスターである。

92年にできたばかりで、(財) 日本住宅リフォームセンターが主宰する資格。マンションのリフォームについて企画提案から施工管理までを行なう。リフォームは税金においても非課税ワクが拡大され、できるべくしてできた資格といえそうだ。

事務処理技能審査（事務専門士）も、92年に初登場したものである。事務能力の客観的な評価基準を示すもので、中央職業能力開発協会が実施する。

国家資格で新しめの資格といえば、医療・福祉のジャンルで目立つ。医療技術の進歩が著しく、なんといっても高齢化の進行が顕著であるため、仕事の専門化がすすみ需要がもっとも期待されている分野である。

臨床工学技師が『とらばーゆ』に初登場したときは、臨床検査技師の間違いかと心配したくらいだ。88年に国家資格として設立されたばかりの資格で、医師の指示に基づき人工透析、人工心肺、人工呼吸器などの生命維持装置の操作と保守点検を行なうのに必要とされる。たしかに命にかかわる仕事だから、国で認定してもらわないと、英検のように人工透析3級といったタイプのものではない。

「持っていることが就職の条件になる、資格ランキング」を『とらばーゆ』1万件で調べたところ、この臨床工学技師は早くも6位にランクインした。医療の部でいうと、薬剤師、臨床検査技師についでの堂々3位である。この若さにしては、なかなかの躍進ぶりだ。

これからの有望資格となると、高齢化のほか国際化、高度情報化といった世の中の流れをしっかり見ておくしかない。資格は世につれ、需要につれなのである。

資格取得が目的になった悲喜劇

では、資格はいったい何のためにとるのだろうか。実は、資格の問題はここのところがもっとも重要なのだ。

ここがずれるとどうなるか。資格をとる目的がわからないまま、とること自体が目的と化してしまう。

たとえば、こんな人がいた。

まじめな主婦の方で、

「『とらばーゆ』をいつも愛読しています」

といって電話がかかってきた。

こう言われると、ついつい親切に応対したくなるものである。ただでさえ長い主婦の電話がさらに長くなり、30分を超える相談になった。

「1年半ほど前になりますが、おたくの〝欲しいのは、頼れる資格〟という特集を読ませていただいて、大変参考になりましたの」

「どうも、ありがとうございます」

「いえいえ、こちらこそ。わたくしには一般事務の経験しかなくて、頼れるものが何もなかったでしょ。だから、ハッとさせられて宅建の資格を取ろうと決めたんです。たしか、その号に宅建が紹介されてましたよね？」

「はい、頼れる資格21のひとつに挙げておりました」

「そうそう。宅建の場合は建築基準法やら地価公示法やら、たくさん法律を勉強しなければならないでしょ」

「そうですね。全部で18の法律があったかと思います。大変ですよね」

「本当にそう。丸暗記できる量じゃないから、理解をするまでがもう大変でした。通信講座で1年もかかって、この10月に受験したら受かりましたの」

「それはそれは、おめでとうございます。年々難易度があがってますので、それはよかったですね」

「ありがとうございます。資格を取得できて主婦だってやればできるんじゃないと思うと、本当に嬉《うれ》しかったんです。3社ほど面接にも伺って、昨日1社決めてきたところなんです」

「もう、就職先も決まったんですか。やはり資格があると強いですね」

「はい、自分でもそう思いました。自分に対する自信みたいなものが面接で効くんですね。ただ、今日ご相談申し上げたかったのは、不動産業界でわたくしのようなものが、今後やっていけるかと思いまして」

「誰だって、最初はそうですよ。ブランクがあるかたはとくに、不安はつきものですから」

「いや、そうじゃなくて。わたくし、この業界がこんなに荒っぽいところとは知らなかったんですの。パンチパーマのかたも、たくさんいらっしゃるし」

「そういう人って、見かけほど怖くないですよ。案外、フェミニストだったりするんですから」

「そうかしら。わたくしやっていける自信がありません、ってこれからお断りのお電話をさしあげようか、迷っているところなんですの、実は」

それならばどうぞご自由に、という言葉を飲み込んで、

「よくお考えになったほうがいいですよ」

と言うのが精一杯だった。

この主婦のかたのように資格を取ることが目的になってその先が見えてない人は、案外、多いのだ。その取得にかけた時間とお金とエネルギーは全部が無駄になったとは思わないが、どう考えてももったいない話である。

自分を価値づけてくれる資格

資格は何のためにとるのかといえば、まずは自分を価値づけてくれるから取るのだと思う。男の人の「肩書き」にあたるかもしれない。肩書き同様に社会で信用を得られるもので、肩書きよりも持ち運びがきくというものだ。

転職や再就職するときに、

「部長をやってました。部長ならやれます」

という人より、

「簿記1級の資格をもっています。経理ができます」

という人のほうが有利であることは、言うまでもない。ある特定の企業でしか通用しないものより、社会で認定された資格のほうが社会で応用がきくのは当然である。

万が一のときの保険にもなるし、つね日頃の自信にもつながってくる。

ただ、資格は取ればいいというものではない。資格は使ってこその、資格である。資格コレクターとなって履歴書をきれいに飾っても一瞬スゴイと思われて、

「ところで、あなたはどういう人なんですか？　何をやりたいんですか？」

という質問の答えにはならないからだ。

そこで私は、資格をこうとらえたらどうかと思う。

資格は「自分を価値づけてくれるもの」であるが、それ以上に「自分を証明してくれるもの」。とくに女性の場合はここが肝腎なのではないか。

なぜなら女性がこの社会で身元を証明しようとするとき、所属企業や学歴よりも資格の効果のほうが高い場合が多いからだ。

たとえば、子育てを終えて再就職するとき、東大を出ていてもただの人になったり、一

流企業に勤めていても、

「それで、何ができるんですか？」

といなされてしまう。

たとえば、誰がきいても知っているような企業に現在勤めていても、そこの住人とはみなされにくい。管理職になっていれば別だが、通りすがりの人、いっときの社会見学者ぐらいなものである。

「そしていつか、いなくなるんでしょ？」

といったところだ。

自分の存在証明をする方法としての、資格。そして、その資格をベースにして、自分の価値を高めていける資格。こうなったら、もう鬼に金棒だ。

本来、なぜ資格を取りたいと思うかといえば、社会の荒波から自分を守るためである。自分を証明できるものがなにかないと、この社会が冷たいからである。

だとしたら、資格はなにをとるかではなく、なにが使えるか。しかも、自分が使える資格でなくては意味がないと思う。

自分の存在証明ができる資格

やはり主婦のかたで、こんな人がいた。

消費生活アドバイザーの資格が取れたときに、こんな実感を語ってくれた。

「資格が取れて嬉しかったことはあるメーカーのかたから電話がかかってきて、消費者窓口の仕事をしませんか？　と。それまで主婦に電話がかかってくるとしたら、浄水器買いませんかといったセールスの電話か、夫に関連することばかりで、私の名前でかかってくることさえ珍しかったんです。それが名指しで社会からお呼びがかかったんです。こんなに嬉しいことってなかったですね」

さっそく、そのメーカーに行って面接を受けてみた。先方は毎日来て欲しかったそうだが、下の子が小学校にあがるまでのこの1年は週3日にしてもらい、来年から毎日のフルタイム勤務にしてもらったという。

「正直言って、来年からの本契約にしてもらってホッとしてるんです。もちろん子供のこともありましたが、この間にもうすこし消費者サービスに関する本も読んでおきたかったものですから。これから勉強したいことがあるって、いいことですね。来年になったらヒーブの会員に申し込んでみようかなとも考えているんです」

ヒーブとはＨｏｍｅ Ｅｃｏｎｏｍｉｓｔ ｉｎ Ｂｕｓｉｎｅｓｓの略で、消費者の声を積極的に企業活動に反映させていく仕事のことである。彼女は資格を取得したことで、その仕事につくパスポートを手にできたことになる。

彼女は消費生活アドバイザーと書かれた名刺を嬉しそうに渡してくれた。自分にタイトルがついたということと、自分のフルネームが使えることをなによりも喜んでいた。

誰々の奥さん、誰々のお母さんとしか呼ばれず、また役所の書類から銀行の振込みまでいつも旦那《だんな》さんの名前をサインしていると、自分の名前がいつか消えてしまいそうな不安があったそうだ。彼女は資格をとることで、自分の名前を取り戻したのである。

自分が自分であることを証明する。一生ものの資格とは、そんな存在証明ができる資格のことを指しているのだと思う。

第5章　なぜ結婚したいの？

結婚する前に仕事で自分のことをスタディしておくといいと、ここまで話をすすめてきました。ところが、どうしても気になるのが結婚です。

それが気になって仕事も手につかないという人から、このまま仕事をしていて大丈夫なんだろうかと、ときに気もそぞろになる人まで、おおかれ少なかれ心を砕かれるのが結婚というものです。仕方ないですね、結婚ですから。

そこでこの章では、結婚について掘り下げて考えてみたいと思います。これほど気になる結婚とはなんなのか。これまでと違ってきていることはないのか。そして、多くの女性が仕事も家庭ももつようになってきた時代の、これからの結婚はどこへ行こうとしているのか。

さあ、実践的スタディ・結婚篇のスタートです。

1．日本女性の結婚好きはどこからくるのか

「日本の女性はどうしてそんなに結婚が好きなの？」

私はまったく同じ質問を、それぞれ別の機会に3人の外国人から受けたことがあります。ひとりは23歳の留学生で、ひとりは大学の先生、そしてもうひとりは日本で働く研究者でした。これだけ豊かな国で女性の進学率も高いのに、とくに女子学生において結婚熱が高いのが奇異に映るらしいのです。

「民族性なのか」と聞かれても、そんなことはわかりません。ただ、自分の結婚好きを見透かされたようでハッとしたのは事実です。

「それはなぜだと思います？」と逆に質問してみると、次のような意見が返ってきました。

「男性が女性の自立を望んでいないから。また、女性自身がそのことを敏感に感じとっているから」

「女性は持てる能力を社会ではなく、家庭のなかで発揮するよう期待されているから」

「そもそも結婚を、愛情関係ではなく経済関係とみなしているから」

それぞれ的を射ており、胸につきささってくるものがありました。

自立する女性は魅力的じゃない!?

男性が女性の自立を望んでいないというのは、アメリカからやってきた女性の留学生です。

彼女によれば、この国では自立できるようなタフな女性よりも、ひとりでは生きていけそうにない女性のほうが男性から好まれている、と。よって、女性は理想の職業を選ぶことより、理想の男性に結婚相手として選ばれたいと思っている、と。

彼女が日本で出会ったケースをいくつか紹介するのを聞いていくうちに、私はある調査結果（バージニアスリムレポート　１９９０）を思いだしました。

そのなかで、「どんな女性が魅力的だと思いますか?」と、日米の男女にたずねています。

アメリカは男女ともに「自立している女性」が多く、男性58%、女性53%。ところが、日本の場合は、男女ともに「男性に頼る女性」が多く、男性68%、女性66%です。

アメリカの場合は、女性が自立したいと願い、その自立した女性を男性が魅力的に感じるのか。それとも、男性が自立した女性を魅力的だと思っているから、女性もがんばって自立しようとするのか。

どちらが先なのかはわかりません。ただ、この世に男と女しか存在しない以上、異性の考えかたから少なからず影響を受けることも確かです。そうでなければ、日米ともに男女の答えがほぼ同じスコアーになっていることの説明がつかなくなります。

アメリカでは「自立している女性」を、日本では「男性に頼る女性」を魅力的だと思っていて、その留学生の目に結婚好きと映ってしまうのも無理のない話です。

能力を発揮するなら家庭がいちばん

次に、「女性は持てる能力を社会ではなく、家庭のなかで発揮するよう期待されている」と言うのは、大学で教鞭《きょうべん》をとる男性です。

大学で教えていると、ゼミでリーダーをつとめたり最高点をとったりする女子学生が増えているのに、彼女たちが企業のなかで力を発揮できないのは、日本女性の奥ゆかしさをことさら美化しているのが日本企業の特質だからなのではないか、と。

それは、男性の上司や同僚が社内でどんな会話を交わしているか、ほめ言葉ひとつとっても明らかです。

「彼女は同期のなかでもトップクラスで昇格するだろう」

「彼女のレポートを読むと、ビジネスのセンスや才能を感じるよ」

といった言葉より、

「よく気がきく人だ」

「いいお嫁さんになるタイプだなあ」

といった言葉のほうをよく耳にしないだろうか。

そういえば企業の一面をかいま見た、ある結婚披露宴のシーンが頭に浮かんできました。

それは近頃の披露宴によくある、企業カラー一色で彩られたものです。

新郎は将来を期待されているエリート銀行員で、新婦は半年前まで同じ銀行に勤めていた深窓のご令嬢です。新婦側の主賓は、3年間勤務した国際業務部のときの上司です。

年のわりにはやや老けてみえるその課長さんは、それでいて伸びやかな若々しい声で主賓のスピーチを始めました。

「佳代子《かよこ》さん！　ここではみんなから親しまれて呼ばれていました、愛称の佳代さんで呼ばせて頂きます。さて、佳代さんの仕事ぶりは、わが国際業務部のみならず、行内全体にとどろきわたる優秀さでありまして……」

と、例にもれず、まじめでよく気がきき誰からも愛された3年間を披露します。

帰国子女で英語はもちろん、国際感覚が豊かであること。趣味は茶道や華道と日本文化に通じていること。性格は一見おとなしく感じられますが、何事にもものおじしない芯《しん》の強さを併せもっていること。これで新郎は安心して仕事に専念でき、いつ海外勤務が決まっても心配ないなど、これまでの優秀な仕事ぶりは今後の家庭を築くうえで何よりの証《あか》しであるかのように、ひとつひとつ証言していくのです。

「彼女が辞められましたことは、わが部にとっては大変な痛手ではありましたが……」

と言いつつも、痛手のそぶりはみじんもありません。だったら引き止めれば良かったのに、という疑問のはいる余地などないのです。

上司の喜びようを見ていると、まるでご両親から預かった大事なお嬢さんを無傷でゴールインさせたことが管理職のつとめであったかのような達成感であり、また肩の荷をおろした安堵《あんど》感でもあるように感じられます。

かつて大手企業では、社内結婚すると女性がコトブキ退社（結婚退職）するという不文律がありました。さすがに近頃ではその風潮は減っていますが、コトブキ退社することを「女の花道」と思っている人が女性のなかにまだいることも事実です。

また、身につけた能力を社会で発揮するには「かわいくない」と障害が多いのに、家庭内で発揮する分には誰からも歓迎されていることは、たしかに日常のあちらこちらで見受けられるところでもあります。

「愛情の関係」ではなく「経済の関係」

そして、「結婚を愛情関係ではなく、経済関係とみなしている」というのは、日本に10年住む女性研究者です。

残業とは仕方なくやるもので1分でも早く家に帰りたいものだと思っていたら、日本ではそうでもないということが最初はよくわからなかったそうです。

ところが、主婦から夫の早い帰宅を望まない理由をきくうちに、彼女はようやく理解できるようになりました。

「残業カットで家計が苦しいから、もっと残業してきて欲しい」

「接待で食べてきてくれるほうが、手間も食費もかからなくてありがたい」

そもそも結婚とは愛情で結ばれるものだと思っていたら、この国では経済関係でなりたっていることに気づいたことで、いくつかの疑問が解けてきたというのです。

たとえば、専業主婦が夫の転勤についていかないのは、なぜなのか。

日本では夫の健康管理よりも、子供の教育環境づくりのほうが優先されるからです。夫は愛情を育《はぐく》む相手というより家計を支える人です。かつては、給料運搬人といわれていましたが、いまでは銀行振込みになって運ぶ必要もありません。

仕事する女性が夫の転勤についていかないと、自分勝手だと親戚《しんせき》から非難の的になったりします。ところが、専業主婦で母の役割をつとめていれば誰からも文句を言われないようになっています。

たとえば、長期にわたって夫が単身赴任を続けられるのは、なぜなのか。

欧米では、長期の別居は離婚の原因となっています。ところが、この国ではかえって夫婦の危機を救っているとさえいわれるのも、そもそも愛情を結婚のベースにおいていないからです。生活時間帯のズレからくる煩わしさから解放され、たまに会うときぐらいはやさしくできるからです。夫が定年を迎えて生活をともにするようになると離婚が増えるというのも、いかに愛情よりも経済によって関係が保たれてきたかを表わしています。

不思議の国ニッポンの「不思議な結婚」

たとえば、夫が長距離通勤をやめて自宅のそばでゆとりをもって働きたいと言いだしたとき、給料が下がらなければと妻が釘《くぎ》をさすのはなぜなのか。

家族とは本来、「パンをわけあう人びと」とヨーロッパでは中世の時代からいわれてきています。

よって、家族が一緒に食卓を囲めるようにと早く帰れるようにしようとしても、

「あなたはいいの、せっせと外で稼いできてくれたらいいの」

といわれたら、どこが家族なのでしょう？　人には、仕事人としての顔、家庭人としての顔、夫としての顔、地域市民としての顔と、4つの顔があって、どんなに大企業のトップにのぼりつめたとしても欧米では4分の1の役割をまっとうしているに過ぎません。

それは、いってみれば、企業人として高いポストを得られないとしても、家族を愛し、妻にとって誠実な夫として、あるいは、地域の活動に寄与しながら、十分に幸せな生活を送れることでもあります。ところが、日本では仕事人としての顔さえあれば事足りるけど逆に、その顔以外では生きにくい環境でもあるのです。

不思議の国ニッポンの「不思議な結婚」が、なんと経済関係というキーワードで解明されていったのです。

これだけ女性の職場進出がすすんでも、男女の給与格差が*１００対58・9（１９９２年）といわれたら考えてしまいます。自分のキャリアをつんでいけるような仕事を探すことより、安定した収入を保証してくれる結婚相手を見つけることのほうが、ずっと高い確率で豊かな生活をおくれるのではなかろうか、と。

愛情はうすれていくかもしれないが、男性の給料は年々あがっていくように今のところはなっています。愛情の保証はなくても、結婚すれば法律やら世間体が守ってくれるやもしれません。

よって、女性が結婚にしがみつき男性が会社にしがみつく、「日本型結婚のかたち」ができあがります。外国人に結婚好きととられる日本女性の一面が、こうして浮かび上がってくるのです。

＊資料出所／労働省「賃金構造調査」きまって支給する現金給与額の男女間格差

2．これほど人を惹《ひ》きつける結婚とは何か

世の中に善い人と悪い人がいることを、幼少の頃は何かにつけ教え込まれます。白雪姫はよい子で、魔法使いのおばあさんは悪い人。桃太郎はよい子で、鬼は悪い人。だいたい白くて丸くて小さなものが善で、黒くてごつくてデッカイものが悪と、子供にもすぐ判別がつくようになっています。

ところが、だんだん大人になるに従って、善と悪はいちがいに分けられないということを学習していきます。聖人君子と思われていた人が実は詐欺をしていたり、極悪非道だと見られていた人が陰では貧しい人を助けていたり、評判や風貌《ふうぼう》で人間をきめつけてはいけないことが、すこしずつわかってきます。

しかし、そうは言いながら、いいか悪いか、とりあえずでも、はっきりさせておきたいものです。そこで勢い、いいところばかり強調されやすいものと、悪いところばかりを誇張されるものが生まれます。私はつねづね、「結婚」はいい役で、「仕事」は悪役としてつくられていると思えてなりません。

「結婚＝幸せ」で「仕事＝苦しみ」の図式

結婚にも辛《つら》いことや悲しいことはつきものなのに、「結婚＝幸せ」という図式がしっかりできあがっています。いっぽう、仕事にも楽しいことや心ときめくことがあるはずなのに、「仕事＝苦しみ」という図式がこれまた完成しています。とくに西欧では、アダムが楽園を追われて仕事を課せられたときから、この図式は強固にできあがっています。

とはいうものの、見るからにうまくいきそうにもないカップルにまで、歯の浮くような言葉を並べて祝福するのはいったいどうしてなのでしょう。仕事の楽しさは教えないで、忍耐、苦労話ばかりがまんえんしているのは、またどうしてなのでしょうか。

私は図式ができあがっているからこそ、別の面を見る努力があってもいいと思うのです。ところが、幼児期の善玉と悪玉を、いまだに引きずっているようで、どうもいただけません。

私が仕事の情報を扱っているから、肩を持ちたいのかもしれませんが。それにしても仕事にまつわる言葉が、企業戦士、勤続疲労、過労死、単身赴任、サービス残業、接待攻勢、指名解雇……。どれも目を覆いたくなるような文字づらばかりです。

年間120万人ちかくの新卒者が入職してくるのですから、せめて明日への希望がもてるような話がもう少し日常にころがっていてもいいのにと思ってしまいます。

華やかさと幸せに彩られた儀式

さて、仕事をなんとか浮かび上がらせたいと願う私も、どうがんばっても分が悪いと思うものがあります。それは、儀式の差です。はたして、結婚と仕事の儀式には、どのくらいの違いがあるのか、この際しっかり押さえておくとしましょう。

結婚の儀式といえば、言うまでもなく華燭《かしよく》の典こと結婚式です。純白のドレスに、長いヴェール。手には、白い胡蝶蘭《こちようらん》の花。門出《かどで》を祝うライスシャワー。誓いの言葉に、指輪の交換。ローブ・デコルテに、輝くティアラ。ヘップバーンか、雅子《まさこ》妃か、まさに気分はプリンセス。おめでとうの大合唱に、綺麗《きれい》、華麗の大行進。新婚、新居、新生活の新づくしと、どこを切っても夢みごこちの儀式です。

いっぽう、仕事の挙式にあたるものといえば、さしずめ、整然と並んだ入社式といったところです。

おめでとうは、最初のひとことだけで、あとは一本調子の社長訓話。指輪交換ではなく、辞令授与。ハレルヤの代わりは、知るはずもない社歌斉唱。先輩からは、ガンバレ、ガンバレの大コール。二次会ではたっぷりお酒を飲まされ、翌日はタヒチへ一路、というのとは大違い。朝いちばんに這《は》ってでも来い、とサラリーマンの薫陶第一講をさずかって家路につく……。

華やかさと幸せに彩られた結婚式と、ただただ、覚悟を迫られる入社式。見栄えからして、気持ちの高まりからしてもはや雲泥の差があります。

どこまでも続く祝賀イベント

しかも、その儀式の差は、スタート地点で終わりません。そのあとにやってくる、イベントの差も見逃せません。

まずは、結婚からみてみましょう。

ハネムーンベイビーともなれば、1年後には出産祝い。お宮参りに、初節句。七五三、お入学、中学、高校、大学進学と、20年間の通過儀礼はほぼ途切れることなく進んでいきます。ポイントごとに点数を加算していくオリエンテーリングのゲームのようなものです。親や親戚《しんせき》や友人からのお祝いは、いつまでも、どこまでも続きます。

では、いっぽうの仕事はどうでしょうか。

新入社員の座学研修で睡魔とたたかったあとは、肝だめしのような実地研修。能率がおちるごとに、あの手この手のオーバーホール研修。毎年12月がユーウツになる、1泊2日の温泉慰安旅行。複雑な気持ちで迎える、20年めの永年勤続表彰。係長—課長—次長—部長と、出世の階段をちゃんと昇れる人はいいけれど、年下の後輩に職位を超えられた日には、突然呼び名まで変え頭を下げなくてはならなくなります。

結婚・出産・子育ての幸せ三点セット

ここまでくれば、勝負はあきらかです。結婚と仕事どちらが若い女性たちの心をとらえるかといえば、だんぜん結婚です。

私の場合も、まるでそうでした。1日24時間くる日もくる日も結婚だけを夢みて生きていました。いまほど受験が過熱してなかったこともありますが、この感受性豊かなときに、人はどうして勉強なんてできるんだろうと、ずっと思っていました。

参考書のなまっぽい青や赤の色づかいに、どうしても耐えられないものを感じてしまいます。当時の私にとっての教科書は、もっぱらグラビア誌や洋画の数々です。

映画「シェルブールの雨傘」の部屋ごとにちがう壁紙のデザイン、窓の大きさ、暖炉の位置、作りつけ家具の種類まで、ディテールにわたって鮮明に記憶されていきます。歴史の年号はちっとも覚えられないのに、そのてのものは難なく覚えられるのでした。そのうち、庭を走る犬の大きさまで思い描けるほど結婚のイメージは広がっていきます。

そうこうしながら、社会へ出ます。結婚はまだヴェールに包まれたままですが、社会のほうのヴェールは一枚一枚はがれていきます。なにが女性の時代かしら？　そう思えるほどに企業のなかはあいかわらずの男性社会です。

入社して2、3年くらいは、まだいいほうです。知らないことを覚える楽しみもあるし、周りもチヤホヤしてくれます。しかし、新鮮な喜びがうすれてくると周りも構わなくなってきます。そのうち、こちらの表情も険しくなっていきます。

社内に、女性の管理職もいないわけではありません。しかし、どうみてもそんなに幸せそうではありません。「会社が恋人なの」と時代おくれの発言をされたりすると、ニッコリ笑う顔がひきつってきます。

課長、部長、役員の三大ポストより、結婚、出産、子育ての幸せ三点セットのほうが、ずっと輝いてみえます。どんなに社内でえらくなっても、社長が交代したら案外もろい地位なのに対して、「母」だけは絶対的な地位だからです。

歴史的幸せの、厚みが違います。女性が仕事をして得られる社会的評価はまだまだそんなに高くはありません。たとえ社会的な名声を得ていても、失っているもののほうに自然と目がいってしまいます。

わが家のように、超リベラルな考えかたをする親でも、娘が仕事で遅く帰ってくるのを悲しい目で見ていました。

「そんなに身を粉《こ》にして働いたところで、会社は一生面倒をみてくれるわけじゃないんだよ」

結婚はあせることはないといっていたくせに、それでも私がなかなかしそうにないのを見ると、たまりかねて言ったものです。

「会社と結婚したって、しょうがないんだからね。あなたがさびしい老後をおくるかと思うと、親としては死んでも死にきれないよ」

そして、やりたいことがいっぱいあるから孫の世話で時間をとられるのは勘弁してよ、とはやばやと宣告していた元キャリアウーマンの母でさえ、

「70過ぎて、若い男性から慕われるのも、まんざら悪くはないわね」

といって、3歳になる姉の子供の面倒を喜々としてみているそんな母の姿を見ていると、歴史的幸せの深みを感ぜずにはいられません。

おそらく、娘の出世を願う親よりも、娘の出産を願う親のほうが多いはずです。娘がいい仕事に出会うことより、いい相手にめぐりあうことを願う親も多いことでしょう。

それだけ結婚・出産・子育ての幸せ三点セットは、長い長い歴史のなかで、親からも社会からもずっと支持され、幸せ確率の高い一大ライフイベントとされてきたのです。

3．結婚の「幸せ確率」は今でも高いのか

朝、起きると、シャワーを浴び、洗顔し、朝食をとります。そして、新聞を読み、身じたくをし、会社へ出かけます。朝のわずか数十分の行為ですが、たったこれだけの動線をたどっても、ベッドは乱れ、浴室は水滴が飛び散り、洗面所には髪の毛が落ち、台所のシンクには洗い物がたまり、ワードローブの前には服が散らかっています。

これが、日曜日ともなると、もっと大変です。朝食を作り、食べて、片付けて、洗濯ものを干していると、すぐに、お昼の時間になります。昼食を作って、食べて、片付けて、掃除をしていると、今度は夕食の買い物に出かける時間です。献立を考えて、材料を仕入れて、重い荷物を抱えて戻ると、すぐに、夕食の準備。夕食を食べて、片付けて、翌日の

お弁当の下ごしらえを終えて、やれやれと思ったら、まだレンジは汚れたままです。日々の生活とは、ざっとこんなものです。人がいるだけで、ゴミがでる。汚れる。散らかる。ホコリがたまる。イライラする。家電がどれだけ便利になって、家事を軽減してくれたといっても、家庭のなかのやるべきことは際限なくあります。

どんなに近代化がすすもうとも、結婚生活には同じことを営々とくりかえす日常がひたすら待っているのです。

日常が欠落したアニバーサリー結婚

華やかな夢みごこちの式のあと、実はこのような悠久の「日常生活」が続いていきます。ところが、近頃では、このあたりを取り違えている人がいて、生活そのものをイベント化し、ハレの連続で事が足りると思っています。

結婚記念日にはイタリアンレストランへ行って冷えたシャンパンをあけ、クリスマスにはプレゼントの交換をし、5年めの記念日は海外で祝い、10年めにはダイヤをもらう……。まさに、アニバーサリー一色の、結婚生活が描かれています。

結婚記念日を大切にするのは、素晴らしいことです。クリスマスやバレンタインと違って、人が勝手に決めた日ではありません。自分たちで決めた、まさに自分たちだけの記念日です。いつだったたっけ……と、時の流れにつれて風化させていくより、ずっと素敵です。

ただ、記念日以外の364日をどう過ごすのか。しかも、寿命がのびて人生80年ということは夫婦50年の時代でもあります。子供に恵まれ多彩なイベントにあふれた最初の20年はまだ過ごせても、問題はそのあとです。

顔色が悪ければ「どうかしたの？」と尋ね、体調が悪ければ、食べものに気を配り、寝具を整え、イライラのもとを断つ。お互いがそんなもろもろのことまで引き受けるのが、日常というやつです。綺麗《きれい》に着飾って心をときめかせてばかりもいられません。

では、そんななかにあって、結婚の幸せは今でも高い確率を誇っていると言えるのでしょうか。

どうなる？　結婚の三大自慢

結婚した女性がこれまで満喫できたものに、「夫の出世自慢」「子供の学校自慢」「孫の数自慢」の三大自慢が挙げられます。

結婚して、まずは、夫の出世を夢みます。披露宴で上司がいった、

「わが社の将来をになっていく男です」

という力強いひとことがずっと心の支えになっています。

ところが、経済が右肩あがりで成長していた時代は、ポストもどんどん増えていきましたが、いまやポストレスの時代です。経済企画庁が発表した「二〇〇〇年の労働市場」に

も、ホワイトカラー大卒の4人に3人は管理職になれない、と示されています。

夫のことを買ってくれていたその上司も、50歳を前にして子会社へ出向した模様です。子会社からいつ呼び出しがかかるかもしれません。どうやら本社で管理職になる夢は、夢のまた夢に変わってきています。

しかし、そう気落ちすることもありません。夫がだめでも、子供がいます。子供の教育には、あふれんばかりのエネルギーと明るい未来にむけての多大な夢をかけられます。

そして、老後はかわいい孫たちに囲まれてその成長を愛《め》でながら暮らすという、人生最後の切り札が用意されています。

女性3人の、ある日の会話をきいてみることにしましょう。


「女の子の初孫が生まれまして。うちは男の子しかいなかったでしょう？　だからようやく、この年になってわかりましたわ。服を買って着せる楽しみが、こんなにあるものかって。息子からは着せ換え人形じゃないんだから、っていつも怒られてばかりなんですのよ」

「そうですか。うちは、男の子と女の子の孫が2人ずついましてね。男の子は、もう目が離せませんわね。こちらに体力がないと、とてもとても、つとまりませんわ。でも、そのせいで若返ったんじゃないの、って娘におじょうず言われてるんですけどね」

「そうですか。うちは孫が7人でしてね。全員揃《そろ》いでもしたら、もう大変。家じゅうあっち引っかきこっち引っかきで、それこそ台風がきたときのような大騒ぎですのよ。でも、まあ賑《にぎ》やかでいいとは思っているんですけどね」

と、いった具合です。「夫の出世自慢」や「子供の学校自慢」が、人や場所を選んでからでないと差し障りがあるのに対して、「孫の数自慢」はいつでも、どこでも、誰とでもできます。初対面でも、「お孫さんは何人ですか？」と仕向けると、3時間は話がもちます。話題の融通性において、これほど優れたものはありません。

では、これが今後どう変わっていくのでしょうか。2010年のある日の、3人の会話をきいてみることにしましょう。

人まかせの幸せにしておくと

「中学受験の過当競争からは守ってあげようと思って、付属の小学校になんとかもぐりこませたんです。もう、これでひと安心だと思っていたら、とんでもない。中学、高校で厳しい受験を突破した強者《つわもの》たちが後からどんどん入ってきますでしょう？　それに圧倒されたのか高校2年のときについにドロップアウトしてしまいましたの」

「でも、まだいいですよ、若いうちはリカバーがききますから。うちなんてストレートで東大に入って、まあ順調すぎたのが良くなかったのかしらね。昇進が人より遅れたあたりから、神経がすこしおかしくなりまして。もう今は会社に行かずに家でゴロゴロしているだけなんですのよ。やる気がすっかりなくなって。結婚する気は毛頭ないし。大学に入るまでに、エネルギーのすべてを使い果たしちゃったのかしらね」

「でもまだいいですよ、日本にいてくれるだけ。うちなんて、銀行の中の留学試験に受かってアメリカのペンシルベニア大学に通っていましたの。そうしたら、あちらの生活がすっかり気にいっちゃって、グリーンカードをとって将来はアメリカに永住したいと言いだしましたの。結婚はしましたけど、子供は欲しくないとまで言いきるし。優秀な子供をもって随分いい思いをさせてもらったけど、老後はひとり孤独に死んでいくのかと思うと、もう悲しくって。私の青春を返して、とおもわず叫びたくなるんですのよ」

夫の出世にしても、子供の学校にしても、どちらかといえば能力や運がなければ得られなかったものですが、孫をもつことは比較的誰もが享受できた幸せです。しかし、それさえもいま、出生率の低下の波にさらわれようとしています。

つまり、人まかせの幸せは自分でコントロールがききませんし、時代の流れからいっても、かなり目減りしてきているのがわかります。

生涯保証ではなくなっていく

また、結婚の幸せ確率でいえば、これまでは経済性においてわかりやすい構造になっていました。

それは、企業間格差が厳然とあったということです。規模も大きく市場の占有率も高い一流企業に夫が所属していれば、生涯にわたって一流の生活を保証されていたようなものです。

ところが、この構造転換のなか規模や歴史や伝統やビルの大きさでは、すべてを語り尽くせなくなってきました。

従業員わずか800人の任天堂が、8万人の日立製作所の利益1200億を上回って約1500億の利益をあげたのは92年3月のことです。ひとりあたりの利益額は任天堂が1億8000万円で、日立は150万円です。はたして、どちらのボーナスやベースアップが高いかといえば、もはやいうまでもありません。

花札を売っていた任天堂がスーパーマリオで躍進し、アメリカ大リーグの野球チームを買収したのに対して、日本が誇るメーカー日立は博士号を持つ社員の数では日本一ですが、野球チームは本場どころか高校野球より人気のうすい都市対抗チームです。

幸せ確率の基準が、ここへきてわからなくなってきています。これまで栄華を誇った日本のリーディングカンパニーの多くが今や血液中にコレステロールをため、糖尿病の持病とたたかい、自分の体の大きさをもてあましています。百年かけて滅亡していったマンモスの姿に、どこか似ています。

一流大学から一流企業へ入った男性と結婚することで、死ぬまで一流の生活を送れた結婚の幸せ模様が、もはや「昨日の期待」であって「明日の保証」ではなくなっているのです。

つまり、結婚した女性が家庭で内助の功を発揮できたのも、いってみれば日本型雇用のなせる業でした。給料は年々あがっていったし、定年までがまんすればまとまった退職金も手にできました。

ところが、いまやその経営がグラついてきています。年功序列の賃金にメスがはいり、終身雇用という言葉もいつのまにか「長期安定雇用」という言葉にいいかえられています。終身とおもわないでくださいね、というメッセージが込められてきました。

女性にとって永久就職といわれる結婚も、どうやら生涯にわたる生活保証ではなくなってきています。幸せ確率をはかる基準も怪しくなってきました。

いちばん安定していると思っていたものがリスクを抱えていくとしたら、いったい、これからの結婚はどこへ行こうとしているのでしょうか。

4．これからの結婚はどこへ行くのか

心理学者マズローは、人間の欲求を5つの階層に分けています。ひとつめが、生理的欲求。ふたつめが、安定の欲求。3つめが、愛情の欲求。4つめが、自尊の欲求。そして、最後が、自己実現の欲求です。

この5つの欲求は階層的な秩序をなしていて、人間はもっとも切実でかつ優先権をもった欲求を満たすと、次の階層の欲求へと向かうということです。

第1階層は身体の組織・機能に関するもので、本能的・肉体的な欲求。腹が減っては戦はできぬ、たしかにいかんともしがたいものです。第2階層は、身体を安定させたい欲求で、雨露から身を守りたいし安定した生活を送りたいと思う気持ちです。空腹が満たされると、次は安定していたい、という欲求です。第3階層は愛する欲求で、これも安定が満たされたあとにやってきます。第4階層は、自分自身の品位を保つ欲求。愛情に満ちてはじめて自らの品位を保とうという気が起きてくるのです。そして、最終階層は自己実現させたいという欲求です。

なるほど、のどがカラカラに渇いているとき、飲めば死ぬとわかっている毒入りの水を人間というのはそれでも飲みたくなるものです。身体の安定よりも生理的欲求を満たすことが、より切実で優先度が高いということがわかります。

それでは、結婚をこの法則にあてはめてみると、どうなるのでしょうか。

結婚版「マズローの法則」

たとえば、奥さんの帰宅が遅くなり夕食ができてないことに対して、不機嫌になっている旦那《だんな》さんがいるとしましょう。これは共働き夫婦の間でよく聞かれる話です。この旦那さんはいってみれば生理的欲求の第1階層にいます。不機嫌な顔つきや態度は、お腹をすかせた赤ちゃんが泣いて母親にサインをおくるのと、いくらも違いません。

つぎに、旦那さんの給料が安定して増えないことをボヤいたり、毎月きまった給料が入らなくなることを極端に不安がる奥さんがいるとしましょう。サラリーマンの家庭に育った人のなかに、ときどき見られるタイプです。旦那さんから転職の相談を受けようものならまず反対して、

「今の年収が下がりさえしなければ」

と条件を崩そうとはしません。この奥さんの方は、生活を安定させたい欲求の第2階層といえるでしょう。

もし、男性が女性に求めるものが、何よりも食欲や性欲を満たすことであったり、いっぽう、女性が男性に求めるものが何よりも生活の保護であり経済力であるとする結婚が成立したならば、それは、レベル1とレベル2の結婚と言えます。

「足し算型結婚」から「掛け算型結婚」へ

さてそこで、結婚によるふたつのレベルの組み合わせを、どのように採点していくといいのでしょうか。もしかしたら、このあたりに、前節で積み残した「幸せ確率」を見当つけられる方法が見つかるかもしれません。

たとえば、かつてのように結婚が「家」と「家」との結びつきの時代なら、足し算で採点できるかもしれません。レベル1とレベル2を足すと、3になります。

ところが現代では、結婚が「家」を維持するためではなく、「個」と「個」の主体性を掛け合わせる時代に変わってきました。だとすれば、いっそのこと採点を掛け算でやってみるとどうなるのか。レベル1にレベル2を掛けても2にしかなりません。

なるほど。男に経済力を、女に料理を期待する、現代のいちばんポピュラーな結婚が、かつての家制度の結婚よりポイントが低く採点されました。

うん、これはなかなかいい線をついています。こうやってポイント制にしてみると、すこし結婚がつかめてくるような気がしてきました。

かつての「家」と「家」との結びつきの結婚が「足し算型結婚」だとしたら、現代の「個」と「個」を掛け合わせる結婚を「掛け算型結婚」と定義づけられそうです。

さあ、先を進めましょう。

「足し算型結婚」の場合は、最低が1＋1の2ポイントで、最高は5＋5の10ポイントです。そんなに差はつきません。どこも似たり寄ったり、五十歩百歩といったところです。

ところが、「掛け算型結婚」の場合は、最低が1×1の1ポイントで最高はなんと5×5の25ポイントまではねあがります。どういう主体性を掛け合わせるかで、ポイントの差が大きくつくことがわかります。

だんだん、面白くなってきました。

足し算型なら、どちらかいっぽうのレベルが高ければポイントを稼げますが、掛け算型の場合はそうはいきません。かたほうがレベル1あたりをさまよっている限り、上位層へくいこむことは難しくなります。つまり、他力本願で一発逆転をねらおうとしても無理だということです。

有能な女性の陥りやすい落とし穴

こんなケースがありました。

仕事もできて家事にもたけた、みるからに有能な女性です。彼女は自己実現欲求を強くもっていました。ところが、彼女が結婚した相手は、彼女のその欲求にはほとんど関心を示しません。それどころか、自分の面倒をなにくれとなくみてくれる女性を求めていました。

母親に代わるだけの、卓越した家事能力をもった人です。彼女は有能であるだけに相手の期待に応《こた》えることを自分に課していきました。完璧《かんぺき》な妻をやることが、自分の親から受けた教育でもあったからです。しかし、春夏秋冬、季節がひとめぐりしたあたりから、その結婚はうまくいかなくなりました。彼と共同で暮らす意味を見いだせなくなったからです。

このケースは、レベル5をめざそうとした女性が、結婚に対する相手の欲求がレベル1でしかなかったことによる悲劇です。そのあたりは結婚前からわかりそうなものですが、相手の要求に応えようとするあまり、ふたりがどう関わっていくかの視点が欠落してしまっていたのです。

マズロー5の男を探せ！

「掛け算型結婚」時代の結婚は、それぞれがどんなレベルにあるかということが結婚の幸せ度合いに大きく影響してきます。相手が偏差値の高い大学を出ていようと、どんなに年収が高かろうと、その人の結婚に求めるレベルが低ければ幸せな結婚にはなりにくいのです。

自分のことをスタディしておくと、自分という人間をつかんでおくと、相手のことも見えてきます。

もちろん、人なんて多少は変わったりするものですが、でも、これだけは大切にしたいと思う気持ちが一致したら、あれこれ悩まずに飛び込んでみるといいと思います。

それぞれが関わりあって、時間をかけながら「マズロー5の男」と「マズロー5の女」に近づけていけたら素敵なことです。

「掛け算型結婚」50年時代の、いよいよ開幕を告げるベルが鳴り始めました。

5．長続きする結婚とはどんなものか

男たちが結婚退職していく

結婚を機に会社を辞めるのは女性の専売特許と思っていたら、近頃はそうでもありません。男性が辞めるケースが、見られるようになってきました。

大学の研究室に戻って、博士論文にいそしむ人。会計士の資格取得をめざして、勉強に集中する人。好きなジャズをやりたくて、アメリカ修業の旅に出かけた人。出版社を飛び出して、農業を始めた人。私の周りには、なぜかこういう人がたくさんいます。

「プロポーズを受けたあとに、会社を辞める話を聞かされました。最初は結婚詐欺にあったかと思いましたよ」

と、ある女性は笑いながら語ります。

「家庭を持ったから好きなことを我慢したなんて思われて、あとで、恩着せられるのだけは嫌ですよね。それなら、好きなことで切磋琢磨《せっさたくま》してくれたほうが、一緒にいるほうも楽しいから」

大手企業のブランドがなくなることもお給料が大幅ダウンすることも、彼女はそれほど気にしていません。ひとりならできなかったことが、ふたりならできそうな気がして……とこれからの生活設計をあっけらかんと語る様は、まさに豊かな時代の申し子たちです。

でも、いっぽうで生活レベルを落とせずに好きなことをやれないでいる豊かな同世代もいます。あつらえの豊かさがいいか、自分たちにとっての豊かさがいいか。ちょっとした考え方の違いが、いまは生き方を大きく変えようとしています。

それは「愛」と「打算」の結婚

結婚退職した夫との生活は妻が働いてまかなっています。しかし、そこには糟糠《そうこう》の妻や陰で支える妻といったイメージはありません。彼女たちは、ふたりの将来をちゃんと計算しています。

博士論文が通ったら、いつかは大学で職を得るだろう。会計士の資格をとったら、独立して会計事務所を開くことになるだろう。ジャズ奏者になったら、地元でライブハウスを持つのも素敵にちがいない。村おこしをして、村の名士になるのも悪くない……。

これからの結婚生活を、どう過ごしたらお互いにとってよくなるか。彼女たちはこうして、いつも、相手と話し合って決めていきます。

私はこういう結婚を、「愛」と「打算」の結婚とよんでいます。

ここでいう打算とは、損得だけで行動を決めることではありません。ある選択をしようとするとき、事前に計算をしておく大人の姿勢のことを意味しています。

それは、大人としてのマナーであって、いいことだと思います。そして、今こそ夫婦が力をあわせて計算していく時代だともとらえています。

この結婚の章の1、2、3でみてきたように、日本における結婚をここまで支えてきたのは企業でした。家と家を結ぶ「足し算型結婚」から、個と個の掛け合わせとなる「掛け算型結婚」への過渡期を企業がサポートしていました。

しかし、いまやその企業も支えるだけの体力を持ち合わせていません。働くみなさんがたはちゃんと自立してくださいね、と呼びかけています。

だとしたら、結婚の身柄を企業に預けたままにするのではなく、夫婦が今度こそ向き合わなくてはなりません。自分たちで話し合って決めていかなくてはなりません。

しかし、こうやって夫婦が話し合うことで、ようやく企業と正しい距離をとれるのかもしれません。たったひとりで社会に立ち向かっていくのは大変ですが、ふたりだとできることもあるでしょう。そう考えていくと、結婚は男性にとっても女性にとっても企業にしがみつかないで済むひとつの武器になるとも言えるでしょう。

お互いのこれからを計画していくのに、結婚は大きな力を生む可能性をもっていると思います。

ふたりで考えるキャリア・スイッチング法

こういうケースの、ふたりがいます。

大学時代に知り合ったふたりは、卒業して夫は金融業界に妻はアパレルの販売員になりました。2年後妻は企画への異動を希望しますが、なかなかその希望はききいれてもらえません。教職への転職を考えたり資格取得に励んだりの1年が続きました。

そんな彼女に外資系企業の秘書募集を知らせたのは、彼のほうでした。英語は集中して勉強していけば何とかなるし、性格からいっても彼女には企画よりも秘書のほうが向いている、との判断からです。

彼から英語の特訓を受けた彼女は、みごと採用が決まりました。そして秘書としてメキメキ力をつけていきました。当時40万もの大枚を投じて英文速記のスクールに通ったり30万もする電動タイプライターを購入したのも、ふたりで考えた「キャリアへの投資」でした。

いっぽう、彼の方は保険会社に勤めたものの大学院に行きたい夢をどうしても断ち切れないでいました。5年後に退職し大学院に向けての勉強をはじめますが、これ以降、大学院を出るまでの3年間は、妻の収入でまかないました。院を修了した彼は、これまで新卒者しか採用しなかった日本の伝統的な銀行に入行が決定しました。すると、今度は妻が秘書の仕事を辞め、出産と子育てに専念することにしました。

このふたりの場合は、お互いのキャリアの時差をうまくスイッチしながらキャリアを形成していった例です。妻の収入で授業料（奨学金はあるものの）と生活費をまかなえたのは、妻が外資系の会社で能力を高くかわれたからです。しかし、能力を高めたのも給料をあげていったのも、ほかならぬ彼女であり、そういう適性を見抜いた彼の力でもありました。

自分の進む道がみつかると、今度は夫がキャリアをあげるのに力を貸す番です。そして、終身雇用の枠を飛び出した夫は専門を身につけ、保険会社にそのままいた場合よりも高い給料で再び職に就けたのです。

いまのところ、妻は子育てに専念していますが、20代でキャリアを作った実績は、子育てをしながらもどこかで復帰するときに備えています。古くなったタイプライターをコンピュータに買い替え、いつになるかはわからないが次なるチャンスを待っています。

「10年後は、彼女が働いている番ですよ」

と、彼は笑いながら語ります。実際に10年後、再びスイッチがあるのかは別にしても、役割を固定しないことで、お互いを「弾力性のある関係」にしていることがよくわかります。

役割を固定しない「弾力性のある結婚」

このケースのいいところは、ふたりの関係が柔軟であることとお互いが向き合っていることです。

お互いがよくなる方法を、お互いで編みだしていってます。

もし、役割が固定化されていると、途中で行き詰まったり悩みはじめてもなかなか相手に打ち明けにくくなったりします。

打ち明けるときは最終的な結論を出すときだったりして、最も身近な存在のはずが、実はいちばんの悩みを少しも共有できていなかったりします。

ということは、役割を固定化しないということは、なにも仕事にかぎらずこれからの生活全体を考えていくのにふさわしい方法ともいえるでしょう。

それぞれがコンサルタントであり、セラピストであり、あるときはパトロンであり、メンター（指導者）でもあります。コミュニケーションの密度も高まれば、知恵を出し合っていくことだってできます。

性別によって役割を固定化することは、人生が50年や60年の時代に可能だったのでしょう。男性が定年退職するのも女性が育児退職するのも、ほぼこの年齢に一致しています。

しかし、これだけ寿命がのび、また、これだけ社会の変化が激しい時代に、最初に決めたひとつの役割だけで一生を全うすることはお互いにつらいことです。

イタリアを訪れたとき、靴屋の主人が、こんなことを言っていたのを覚えています。

「この靴がどんなに履きやすいからといって、この1足だけを履き続けないでくださいよ。気にいった靴を長持ちさせるコツは、ときに、休ませてあげることです」

あなたの旦那《だんな》もだよ、と笑いながら、同じ靴を2足買うことのセールスも忘れませんでした。

1足の靴を履き続けると履き潰《つぶ》してしまうのと同じように、ひとつの役割に固定化することは、人を早く擦り減らすことになります。だとするならば、人生80年と夫婦50年を生きる知恵は、性による役割分担に固定せず、ときに、スイッチを切り替えながら弾力性のある関係を築いていくことなのだと思います。

第6章　なぜ課長になりたくないの？

どんな商品やサービスでも、女性にうけないとヒットしない時代である。よって近頃では、女性の声を広く吸い上げようと、モニター会議があちこちで開かれるようになってきた。

女性もそのあたりは、よく心得ている。生活者としての豊かな経験がなければ言えないような、使い勝手のアイデアを上手にまぶして意見をのべる。それが、なかなかいいところをついているのだ。

女性たちにすれば言いたいことを言ってしかも短時間で1万円ちかい謝礼をもらえて、こんないいことはないと思っている。いっぽう、メーカー側も消費者の反応をじかに見ることができて、そのうえにアイデアのヒントまで頂けるとは大変ありがたいと感じている。これほど双方の思惑が一致する会議も、めずらしいだろう。

ただ、お互いにとって喜ばしい会議をのぞきながら、私はいつも複雑な気持ちになる。女性は消費者としては注目され脚光を浴びているのに、企業内ではそれほどには受け入れられていないからである。

消費では主役でも会社では脇役《わきやく》

女性は消費社会の顧客としては重要視されているのに、企業社会の住人としてはそれほどではない。この差は、いったいどこからきているのだろうか。

まずは、歴史の差があるだろう。消費社会においての女性は、消費の担い手でありリーダーであり潮流の作り手でもある。その実績は長く、かつ大きい。ところが、企業社会においては、まだ歴史も浅く実績も乏しい。

また、消費社会においては女性は立派に主役をつとめようとするが、企業社会においては脇役をより好む。たまに、主役に押し上げられようとしても、

「いえ、私は端の方がいいんです」

と尻込《しりご》みするケースだってある。

この差がどこから生まれてきたのか、あれこれ考えているうちに、なーんだ、そういうことだったのか、とわかった瞬間があった。その答えがあまりにあっけなかったので、今までこんなこともわからなかったのかと思ったくらいだ。解答をだすまでにはかなりの時間を要したが答えは単純そのものだった。

消費社会では女性はチヤホヤされるのに、企業社会ではそうでもない。つまり、女性は家庭の財布のヒモを握っていても、企業の中では予算をもっていない、たったそれだけの

ことである。

財布のヒモを握る家庭内権限

そう考えていくと、次の疑問にぶつかる。ではどうして、女性は組織の中で予算をにぎったり、物事を決定する場に入ろうとしないのだろうか。女性たちの多くが、いまだに管理職をはなから敬遠しているのは、なぜなのだろうか。

ここ十年来、女性の意識調査をしているが、管理職志向は少しも増えていかない。職場進出する女性の数は4割も増えているのに、管理職志向は10年たっても1割のままである。実は、昔の私がそうだったのでよくわかるのだが、できたら責任をとりたくない、お金の管理は苦手、人の面倒までみるのは嫌……なんだと思う。

ところが、である。家庭においては、そういう人はまずいない。私はお金の管理は苦手ですから、毎日きまっただけの食費を頂くほうがいいです、という人がいるだろうか。生活費をまるごと管理できるから、やりくりする工夫もあれば楽しみもあることを、おおかたの日本女性はわかっている。よって、夫の小遣いの額を決めるのも、へそくりの額を決めるのも、家庭の経理部長であり、財務部長である妻が、決定権をもっている。

先進国のなかでも、日本の主婦のように女性が家計の全体を管理するケースはそう多くない。日常の細かな出費から大型出費まで家計管理をするのは、たいてい一家の長である男性の務めとされている。つまり、日本の主婦の地位の高さはまさにここ、財布のヒモを握っていることなのである。欧米の主婦から羨望《せんぼう》の的になっているのもまさにこの一点で、日本の主婦はいとも簡単にこの権利をつかんでいる。

経理、財務だけではない。子供をどの学校にいれ、どんな教育を受けさせるかを決めるにも、今度の夏休みに家族旅行でどこへ行くかを決めるにも、女性の発言力はきわめて強い。家庭のなかでは経理部長と財務部長を担うとともに、人事部長も総務部長も、ときには代表権をもつ取締役の権限までもっているのである。

では、ここで、問題です。

女性たちは、家庭で決定権を持って十分に満足しているから、企業の中であえて決定の場に入っていこうとしないのでしょうか。それとも、政策を決定する重要性に気づく前に、企業組織のなかに何か敬遠したい理由があるのでしょうか。

女性が管理職を希望しない理由として、

1. 家庭の管理で満足しているから、もうたくさん。

2. 企業のなかの管理には、どこか敬遠したいものがある。

さて、どちらでしょうか。

正解は、2番です。

私がそうだったから即答できるのだが、女性が管理職を嫌がるのはそう深く考えてのことではない。というよりはむしろ、「管理職になるのはカッコよくない」と感じているのである。

実際に私がそう感じていた理由を、以下で正直に述べてみたい。

カッコ悪さ① 「会社に全身全霊を捧《ささ》げます」

管理職になるということは、入社するときとはまた違った宣誓を会社に対して行なうことになる。

「宣誓！　わたしはカンパニーマンシップにのっとり、どこまでも正々堂々と闘い抜くことを誓います」

入社のときは、いってみれば契約関係を結び、それにのっとってやりますよという誓いである。その契約関係というのは、あくまでもイーブンの関係である。私は仕事の成果を会社に売り会社はその成果を買うという、きわめてわかりやすい関係といえる。成果に見合うだけの評価がなければ、自分を高く買ってくれる会社に移る自由を個人はもっている。また会社は、個人の働きが悪ければ契約解消を勧告することだってできる。

ところが、管理職になるということはそうではない。企業と一体化することである。数少ない私の美意識にこれだけはひっかかってしまうのだ。契約関係なら理解しやすいが、一体化となると身も心もまるごと会社に捧げるようで実にカッコ悪いことなのだ。

カッコ悪さ② 「たとえ女の幸せがなくとも構いません」

会社に全身全霊を捧げるということは、もうあとには何も残らない。つまり、その、人の子として生まれてきた、ささやかな幸せというのか、女性としての幸せというのか。

周りを見渡してみると、たしかにそんな人がいる。年収は高くても、年の暮れが淋《さび》しそうな人とか。平日は高級料亭でおいしいものを食べていても、週末はレトルト食品で済ませていそうな人など。

また、どういうわけか女性管理職の未婚率は高い。結婚していても子供はいなかったり、いてもひとりだったり。いわゆる世の中でふつうとされている「家族の幸せ構図」とは、どこかしら違っているのだ。

7年前のある日、社内で恒例のマネジャー会議が開かれた。そして、これも恒例の昇進して管理職の仲間入りをした人たちのスピーチが行なわれた。そのなかのひとりの女性は、こう挨拶《あいさつ》した。

「管理職になれて、嬉《うれ》しく思っています。でも、これだけは言っておきますが、まだ女の幸せを捨てたわけではありませんので、そのあたりはどうぞよろしくお願いします」

会場からは、どっと笑いの声が起こった。女性が管理職になるのが珍しくないこの会社

においても、ふつうにはまだなれない時代だったのだ。これからは、もしかすると、営業マネジャーになった女性が、

「課の売上げを、2倍にします。ついでに、子供の数も倍増します」

と挨拶するかもしれない。

しかし、そこまでいくには、もうすこし時間がかかりそうだ。少なくともこれまでのところはまだ、会社と個人の距離が近すぎて、いや、同心円でしかない生活ぶりがカッコよく見えないのである。

カッコ悪さ③「男性以上にモーレツします」

これまで女性で管理職になった人の話を聞くと、

「男性以上にがんばらないと、認めてもらえなかった」

「この20年間、朝は誰よりも早く、夜は誰よりも遅かった」

「入社以来、夏休みをまるまる取ったことは一度もない」

といった武勇伝は枚挙にいとまがない。

こうやって時代を切り開いてこられたんだなあ、とそこには感慨深いものがある。だが、正直言ってそうなりたいかというと、話を聞けば聞くほどそこまでして……と思えてくるのだ。

余裕を見せることはスキをみせることと思い込んでいる人もいて、

「私は後に続く女性たちのために、捨て石になってここまできました」

と言われると、もう、何かこみあげてくるものがある。

時代が、そうさせたのか。女性ゆえに、そうなったのか。どちらにしても、辛《つら》くて重たい話には違いない。

かといって、

「仕事も、結婚も、子供も当然のことです」

と声高らかにいわれても、これはこれで戸惑ってしまう。おそらく後輩に激励のメッセージを送ってくれているのだろうが、聞くほうには「モーレツでいこう！」としか伝わってこない。

いかに愛情深い母であり、如才のない妻であり、そして、有能な仕事師であったかを披露されたところで、

「それはあなたがスーパーウーマンだったから、できたんでしょう？」

と、冷ややかな目になってしまう。しかも、よくよく話を聞くと、3人の子育ての多くを実の母に依存し、

「親の協力を受けることも、プロとして管理職として仕事をするには必要なことです」

と忠告されたりすると、これまでの冷めた見方も一気に反発へと変わっていく。

たしかに、当時はそうでもしなくては続けられなかったのでしょうが、ただ、自分が仕事を続けるために結局は誰かを家事・育児の役割に閉じ込めておいてどこがプロなんだろうか、と。また、

「明治生まれの母には感謝しています」

のひとことでもあれば、これほどの反発も覚えなかったのだろうが。「使えるものは、親でも使え」式の傲慢《ごうまん》さには、やはり抵抗があった。すこしも、カッコよくなかったのだ。

私の友達のなかにも、毎週末、親に掃除、洗濯、買い物のほか、ケータリング・サービスまで受けている人がいる。

「管理職としてあなたがどんなに重要な仕事をしているからといって、そこまで年老いた親に頼るのは、どんなものかしら」

と私が言うと、その友達は次のように答えた。

「それが、私から頼んだわけじゃないのよ。私が仕事に集中できるようにと、母がすすんでやってくれているの。家事なら、自分がやれるから、って」

日本の母のありがたさであり、また、悲しさでもあると思った。

独身でいくか親がかりでいくか

このほかにも、管理職を敬遠したくなる理由はまだまだある。

下の人からつきあげられて、大変そう。人の責任まで負わされて、厳しそう。ストレスがたまって、かわいそう。それに、どうせ管理職になっても、グラス・シーリング（ガラスの天井）にはばまれて、その先があるわけでもないのだし……。

そういえば、トークンレディといってお飾りだけの管理職もいる。トークンとは、アメリカの地下鉄の改札を通る時に使う丸い金属片で、それ以外では通用しない、硬貨まがいのもの。「わが社には女性の管理職も、役員もいます」と世間にアピールするだけの存在で、社内では浮いてしまっている人のこと。

こう見てくると、管理職に対するイメージは、とてもじゃないがよろしくない。また、それに追い撃ちをかけるかのような、あるデータが発表された。

「女性管理職は40代が約半数、そのうち未婚者は6割、年収は７００万以上１０００万円未満が２人に１人」

女性職業財団が調査発表（１９８９年）したもので、東京、大阪、名古屋の上場企業にいる女性管理職４３７人の特徴を浮き彫りにしている。

転職経験は「なし」が71・6％で、勤続年数は「20年以上」が40・7％。平均4回の異動をこなしながら、ひとつの会社でキャリアに磨きをかけた内部昇進型の人が多い。

既婚者の子供の数は、「０人」がトップで36・0％。「２人」が30・9％、「１人」が28・1％と続き、「３人以上」という人は５・１％。

家事は84・4％が自分でこなし、育児を「親にみてもらった」とするのは72・4％。「保育施設を利用した」37・9％は、「ベビーシッターにみてもらった」12・1％を、大きく上回っている。

1日の平均労働時間は、「8時間以上10時間未満」が58・8％で、年次有給休暇消化率は27・5％ときわめて低い。

これだけのデータを見ると、先に挙げた先輩たちの話がけっしておおげさではなかったことが理解できる。労働時間が長いだけでなく、日本の場合は長距離通勤の時間までが加算される。家には眠りに帰っているだけの男性と生活ぶりはさほど変わらない。独身でがんばるか、さもなくば親がかりでやり抜くか。いずれにせよ相当の覚悟が必要ですとこれらのデータは雄弁に語っている。

キャリアに展望がもてない理由

そこまでの覚悟はもてそうにないと、女性たちが最初から管理職を敬遠するのも仕方がないのかもしれない。しかし、私はいまだから言うのだけれど、それだけ管理職を毛嫌いすることが、実は組織人としての幅を狭め、仕事を面白く感じさせない大きな原因になっているのだ、と思う。

こんな、データがある。

将来のキャリア見通しについて、日米英3ヵ国の比較を行なっている。管理的地位へ進むか、エキスパートになるか、独立するか。将来にどのようなキャリアを描いているか、それぞれにたずねたものである。

アメリカでは、「独立して仕事をする」がトップで、次が「一つの企業で管理的地位へ進む」。一方、イギリスでは、トップが「一つの企業でエキスパートになる」で、「一つの企業で管理的地位へ進む」が続いている。

つまり、アメリカでは独立志向が強く、イギリスではエキスパート志向が強い。では、日本はどうかというと、どちらの志向も弱いのである。

これといった志向はなく、しいてあげれば、エキスパートといったところ。これにしても、「管理職にはなりたくないし、独立したいわけでもない。かといって、これが専門ですと言えるものを、いま持っているわけでもなくて……」という、どうやら消去法の結果のようなのだ。

そして、何といっても、日本の最大の特徴はというと、「その他、不明」が49・5%にものぼっていること。アメリカは、わずか17・9%。イギリスの23・5%に比べても、倍以上のポイントである。

つまり、日本では、2人に1人がキャリアの見通しがたっていない。ここでも、米英と比較して日本女性の管理職志向がかなり低いことがわかる。

将来のキャリア見通し(日、米、英 比較)

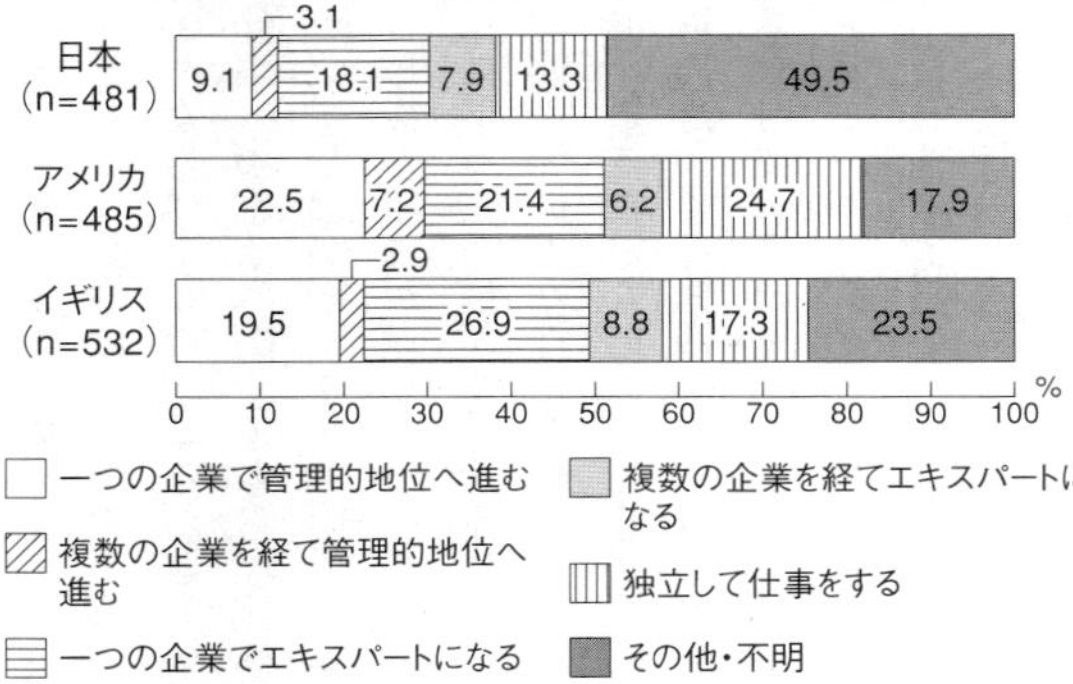

注　女子のみの比率
出所　雇用職業総合研究所「青年の職業適応に関する国際比較研究」1989年

管理職になるには、2つの方法がある。「一つの企業で昇っていく」内部昇進型か、「複数の企業を経て昇っていく」転職昇進型。ふたつを合わせると、アメリカは29・7%、イギリスは22・4%と、4人に1人が管理職を志向している。ところが、日本は12・2%と米英の約半分でしかない。

エキスパート志向は各国でそれほどポイント差がないのに、見通し不明や管理職志向でこんなに差がでてしまうのは、どうしてなのだろうか。私が思うには、その管理職志向の低いことが原因で、実は、キャリアの見通しを立てられないのではないかということだ。

というのも、そこには日本の教育問題が含まれているからである。日本ではエキスパートになれるだけの専門性を学校では養成しない。一部の人を除いて、ほとんどの人が出身学部と職種が一致していないのが現状だ。よって、職業の確立は企業内でもまれながらどうぞ、といわれているようなものである。

ところが、男性はその考えどおり多様な職域を経験しながらキャリアを積み上げていけるが、女性はそこのところが難しい。

仕事への意欲は高くても管理職への志向が乏しいために、そういったジョブ・ローテーションをしながらキャリアを形成していく方法が取りにくいのだ。

「3年後の自分が見えない」

「このままでは成長できそうにない」

と悩んでいる女性たちに会うと、その管理職志向がないことが3年後の自分を見えなくさせているだけなのに、と心が痛んでしまう。

男性だって管理職になれるかどうかはわからない。しかし、その道があることを信じられるだけで、キャリアの展望や見通しが違ってくる。とくに、これという専門性を見極められないうちに、組織内での展望を断ってしまっては自分をますます袋小路に追いやるようなものなのだ。

日本女性の2人に1人が将来のキャリア展望を描けないのは、専門教育がないままに、それでいて、管理職志向を否定してしまっているからなんだと思う。

管理職ってそんなに悪くない

ところで、さもわかったように言っている私も、かつては管理職を嫌っていたひとりでした。管理職になりたいとする1割の人とは違って、なりたくない9割のほうにずっと身を置いていました。

ところが、実務の経験を長く積むうちに、なりゆきで管理職をやるようになってみると、「なあんだ、思っていたほど悪くはないんだ」ということがよくわかってきました。それは、自分で勝手に思い込んでいたものが実際はそうでもなかったということです。

たとえば、管理職になると実務をやれなくなると固く信じていました。でも、そんなことはありません。物事を判断していくのに、実務をやりながらのほうが勘がさえる人と、実務をやらないほうが勘がさえる人の2種類がいます。どちらかのやりかたを選べばいいだけのことです。

私は、前者を選びました。男性のなかには実務をやらずにすぐあがりたがる人がいます。

「実務家になると、トップ・マネージメントにはなれないよ」

とも言われました。でも、全員が同じように社長にならなくたっていいはずです。私は現場に強いプレイイング・マネジャーになろうと思いました。現場から離れてしまうと陸《おか》にあがった河童《かっぱ》になるような気がしたからです。

では、こういうやりかたは経営側から否定されたかというとそうではありません。経営側は現場のことを知りたがっています。マーケット・インの発想で判断していくことを期待しています。陸にあがることばかりを望んではいないことが、よくわかりました。

それから、管理職になるということは、全能の神になれといわれているのだと思い込んでいました。でも、そんなこともありません。人間だれだって迷うことも間違うこともあります。また、人それぞれのマネジャー像があってもいいんです。

「俺《おれ》についてこい」といって東京オリンピックで女子バレーボールチームを金メダルに導いた大松監督のような、いわゆるストロング・マネージメント型があります。しかし、これは本当に強い人間でなくてはやっちゃいけないスタイルです。いつかボロが出やしないかと、やってる本人も辛《つら》くなってくるし、弱い面が露呈したときのメンバーの落胆を考えると、なおのことやってはいけません。

そこで私は、自分の強みも弱みも隠さない「コーディネイト型」のマネージメント・スタイルをとることにしました。なにも、ひとりの管理職がすべての面で勝っている必要はありません。仕事がうまくいくかどうかは、組み合わせのなせる技です。誰々のここの強みと誰々のほかの強みをうまくコーディネイトして、1+1=2以上のものを生みだせたらいいのです。

たとえば、編集のようなモノを作る仕事ではこのスタイルは悪くありません。ヒエラルキーのままに管理職がいうとおりにやってればいいのだとしたら、けっしていいものは生まれてこないからです。立場や年齢やキャリアに関係なく意見を闘わせることがクリエイティブな環境となるのです。

ストロング型のマネージメントは、やるべき組織の課題が明確な場合で管理職が全能の場合は有効ですが、新しいなにかを生みだすのにはあまり適していないと思います。やや時代がかったスタイルと言えるでしょう。

それでも時々、メンバーからこう言われることがあります。

「入社して間もないのに自分の意見を採り入れられるのは嬉《うれ》しいけど、もうすこし管理職としての威厳もあって欲しい。こうだ！　と決めつけて欲しいんです」

こういう考えも、わからなくはありません。方向を決めたり、方針を定めたり、基本的なところまで、

「さあ、みんなで力をあわせてやりましょう」

といったものではありません。できるだけ叩《たた》き台は用意して、最終的な決定はわかりやすくするようにします。また、

「ね、ね、この企画いいと思わない？」

という言い方も、

「こう考えてみたんだけど」

と、重みのある言い方に変換する技もすこしずつ身につけてきています。

不思議なことに上の人から言われると反発しやすいたちだったのに、メンバーから指摘されると、

「そうだわ、気をつけようっと」

と心掛けがよくなったりします。おそらくこれは、親の意見には反抗したのに、子供の意見には案外すなおになれるのと似ています。子供に教えているつもりが、実は子供に教えられることが多いからなんだと思います。

次に、思っていたよりもよかったこともあります。

それは、仕事が面白くできるということです。自分で責任とリスクをしょわない仕事って、それだけのものしかはねかえってきません。矢面《やおもて》にたつことで鍛えられ喜びもダイレクトに味わえるのです。

たとえば、予算管理は大の苦手意識をもっていましたが、予算を自分でコントロールできるということはとても面白い仕事だということがわかりました。お金とは、自分で動かした金額でしかとらえにくいところがあります。自分で把握できる額といえば、管理職につくまではせいぜい月々の給料分くらいでした。婚約指輪の宣伝で「お給料の3ヵ月分です」といったから誰にもわかりやすかったように、自分が手にするお給料でしか世の中をつかめないものです。

ところが、百万単位のイベントや広報物を仕掛けたり、千万単位の調査やＣＦを手掛けたり、億単位のプロジェクトを推進したりするとお金に対するリアリティが数段違ってきます。

すると、スーパーで買い物をするときの10円単位の値段から、企業活動の１０００億単位の金額までイメージがつくようになりました。さすがに、兆の単位はまだピンときませんが、世の中で起こっていることに敏感になってきました。何ヵ月分の給料だなあ、といちいち計算しなくても済むようになったからです。

お金をかけて、つまり、リスクをかけてやるのだから、それだけの効果を出せるようにしようと思うと、ない知恵がでてきたりする。だから仕事が面白くなってくるのです。

文句なしによかったのは、手当がついて年収が上がったこと。また、社会的な信用が上がったこと。いつ辞めるやもしれないと思われていたときに比べると、社内外での情報精度も違ってきました。

さて、それでもまだ管理職には抵抗を覚えるという人には、次のような提案をしたいと思います。

管理職になることが、イコール社内の競争に組み込まれることだと決めつけないことです。いま企業は出世というひとつの価値観で造られたヒエラルキーに行き詰まりを覚えています。そこに、わざわざこれまでと同じ武装で参入することの意味はありません。組織の硬直化をなんとかしたいと思っているところへ、従来の男性と同様のよろいで行くと、ますますガチガチの組織を形成するだけですから。

そうではなくて、管理職として認められるような仕事をしていく、なれるものなら管理職になってみる、そして管理職になったらこれまでとは違う新しいやりかたを造っていく、というスタンスをとってみてはいかがでしょうか。

管理職になれる、なれないは、企業が決めることです。いまのところ企業側の問題もあって、なれるかどうかの保証はありません。

しかし、認められるような仕事をするということは、その組織の住人としての存在感を高めてくれます。周りから信頼され信用されて気を悪くする人はいないはずです。社外からいくつかの引きもでてくるでしょう。今の組織がそれでも認めようとしないのなら、そのときに判断がつきやすくなるというものです。

このまま組織に残ったほうがいいのか、別の組織に移ったほうがいいのか、あるいは、独立してやったほうがいいのか。いずれにしても、認められるような仕事をしておくことが、そのあとの可能性を広げてくれます。

管理職なるものは、あくまでひとつの目標であって、目的にするものではありません。将来の自分のキャリアを見通していくのに、目標をはじめから断ってしまっては、その後の自分の展望が開けてこなくなるからです。
それでもまだ、あなたは管理職になるのがそんなに嫌ですか？

第7章　なぜ事務がいいの？

「どんな仕事をしているんですか」と聞かれて、日本では社名や組織名で答える人が多い。

「S銀行です」

「M商事です」

と誰が聞いても知ってるものから、

「電気関係の会社に勤めています」

といった補足説明つきまで、おおかたそうである。

たまに、「辞書の編集の仕事をやっています」

と質問に正しく答えてくれる人に出会うが、そういう人はめったにいない。近頃では、

「丸の内でＯＬしています」

と、地名を入れたりＯＬを動詞で使う人も出てきた。

でも、どう考えても変ですよね。

「What do you do ?」と聞かれて、

「I am an OL at Marunouchi」

「I am a companyman of S Bank」

と、答えるのでしょうか。

以前、商社に勤めるOLからこんな話を聞いたことがある。

「商社でOLしているというのがウリになるのは、25歳までなんです。そのあとはウリがリスクに変わっていきます。5年たってもまだいい男性を見つけられなかったのか、って他人の視線を感じてくるし、5年も同じ仕事やっているただの事務員か、って自分でも思えてくるし」

華のOLの悩みも尽きないらしい。たしかに、OLには期間限定の感がある。「生涯一OL」とか「58歳のOL」とかは、なかなかなりにくいようだ。

そうなると、あの便利な「会社員」に集約されていくのだろうか。入国審査カードの職業欄で、多くの日本人が書き込むあの「会社員」という文字である。「なるべく具体的に」という但し書きを見て、おもわず社名を書き込む人もいるらしい。そもそも職業欄の見本例に「会社員」と書いてあるからすごい。

この国では、職業＝会社員に疑問をもたなくてもいい構造になっているようだ。

ふつうの事務はもうありません

コピーライター糸井重里氏が、「サラリーマンという仕事はありません」と打ちだしたのは1987年のこと。この挑発的なキャッチフレーズのあとに、次のようなボディコピーが続いていた。

「どんな仕事をしているんですか？　と質問された時に、会社の名前を言ったり、役職を答えてしまったり、サラリーマンですと当然のように言ってしまうのは、やっぱりとてもサミシイことだと思う。そういうもんじゃないよな……」

これが発表された87年といえば、前年の円高不況から一気に内需への転換がなされた年である。東京証券取引所の平均株価がこの年の1月に初めて2万円台に乗り、好調な滑りだしを見せていた頃である。また、内需型景気拡大に向けて、「人材難」の予兆が起きていた頃でもあった。

そういう人材難がやってくる時期にあっても、「サミシイこと」だったのだから、バブル崩壊以降ホワイトカラーの受難を見てしまった今となっては本当にさみしい限りである。人材難から人余りの時代へ突然に環境が変化したとき、人減らしの格好のターゲットになったのが中高年管理職と一般事務職である。新卒で企業に入って、いずれは管理職になるという「ふつうの会社員コース」も、快適なオフィスで過ごす「ふつうの事務員コース」も、これまでのようにふつうにはいかなくなる様相が見えてきたのだ。

つまり、ジェネラリストという名の「管理職」も、いってみればOLという名の「一般事務職」も、特定の分野に限らないジェネラリティ（一般性）が何やら怪しくなってきている。

女子大生の就職難はまだまだ続く!?

「一般事務職の今年の採用はゼロ。理由は在籍者の平均勤続年数がのび（10年8ヵ月）、欠員がでないから」（94・5・11）

女子大生の就職難が伝えられるなかでも、ひときわ話題をよんだのが三菱商事の採用ゼロ宣言である。大手商社が女子を集中的に削減する採用計画を次々に打ちだしていたが、ついにトップの企業から厳しい方針が出てしまった。

しかも、その理由が勤続年数がのびたためとなっている。これまで女子の勤続年数が短いから採用しづらいといっていたのに、今度はのびて欠員がでないためだという。これだとまるで辞めないと採れない、つまり辞めることを最初から予測して採用していたということだ。

企業の言い分は、総合職のような基幹職はすぐに辞められると困るが、一般職のような補助職は長くいられても困るということか。

「本音でいうと、3年で回転してくれるのがいちばんいい」

とはっきり言う大手企業の人事担当者もいる。

女性の平均勤続年数は7・4年までのびてきて職業意識も高まっているというのに、まだ3年の勤務としかとらえていない企業のズレかたはかなりのものだ。

商社とならんで人気の航空会社も、地上勤務の事務職はここ2年採用ゼロが続いている。家電業界もここのところの業績不振がたたって事務職は大幅減のままである。それでも研究開発職と将来の幹部要員は採っていきたいという。

それにしても、一般事務職の採用の落ち込みは新卒にかぎらない。中途採用においてもその激減ぶりがやけに目だつ。

たとえば、有効求人倍率という求人数を求職者数でわった数値からもよくわかる。全体の平均が0・66（94年4月度）、つまり仕事を求めている人が100人いるのに、求人が66人しかないということだ。

職種別にみた一般事務の求人倍率はなんと0・10である。数ある職種のなかでも最低の数値である。100人応募しても、10人しか採用されず90人は職に就けない。いや、実感値からいうと、1万人応募しても9000人が職にあぶれているといったところである。事務職を希望する人はいつの時代も多く、企業の求人件数をはるかに超える状態が続いているのだ。

在籍者だってウカウカしていられない

実際に人を求める求人広告の内容にも、そのあたりの変化は顕著にあらわれる。

いってみれば、求人情報誌は時代を映す鏡である。景気がいいときは求人が増え、景気が悪いときは求人が減る。それも、求人の数の変化というより中身の変化が著しい。

超人手不足が叫ばれていたバブル期は、「人の量的確保」が最大のテーマであった。急激に増えた仕事を消化するには、とにかく人を確保することが急務の課題となる。ところが、バブルが終わると、採用は「量から質へ」と転換する。採用のレベルに達していなければ、無理に人数の帳尻《ちょうじり》を合わせたりはしなくなるのだ。そして現在は、その質の中身を「さらに厳選」するように変わってきている。

つまり、「いますぐ10人欲しい」から、「いい人がいたら5人ぐらい欲しい」に変わり、それが今は「こんな職務ができる、こんな人が欲しい」と変化しているのだ。

『とらばーゆ』に掲載された事務職の募集で、次のようなキャッチフレーズが登場してきている。

「キャノワードでローマ字入力ができて、法律に興味・関心の強いかた」（法律事務所）
「経理事務3年のキャリアがあって、MACを使える人求めます」（メーカー）
「英語ができて中国語の日常会話が話せるかた」（貿易商社）

なかに、「やまとなで秘書、七変化」とあるからなにかと思うと、アジアの工場進出にともなって社長のマネージメントから海外出張しての折衝から日本での顧客アテンドまで、7つの職務が詳細に記されていた。いつもニコニコ笑顔をたやさない秘書なんてことじゃない。ひとり7役をこなせる人が求められている。

かつてなら、「OA操作のできる人」だったのが、「エクセルを使って営業事務ができる人」「一太郎を使って企画書を書ける人」と、求めることがより具体的にしるされるようになってきた。そして、当然のようにそのレベルは高くなり、事務の仕事にスペシャリティが求められるようになったのである。

ところで、新卒や中途採用で一般事務職の求人ニーズが減ってきているのを、すでに入社している事務の人は対岸の火事のことだと見ていられるのだろうか。

いまのところ在籍者では中高年ホワイトカラーへの直撃ぶりが目立っているが、遅かれ早かれ在籍中の女子事務員にも火の粉《こ》は飛んでくるだろう。書類を届けるだけの仕事は、ファックスがとってかわった。青伝、赤伝といった伝票の処理も、コンピュータが大量に行なうようになった。女子社員に嫌われ続けたお茶くみだって、いまやティーサーバーやコーヒーメーカーを導入する企業が増えてきている。

人件費が安くて機械が高いときは人手を使ってやっていたが、いまではそれがまるで逆転した。人件費はあがっていくのに、ファックスは10万円をきりパソコンも20万円をきって機械のほうはどんどん安くなっていく。しかも、機械なら残業もいとわなければ、休みもとらない、保険もいらない。そういうパソコンなどの機械よりも価値ある働きをしないと、雇ってもらえない。

それに、ニコニコ笑顔や人のいれてくれたお茶のありがたさを享受できたかつてのゆとりが、もう企業の側になくなっている。大企業といっても「いてくれるとありがたい人」から、「この人がいなければ仕事がすすまない」ぐらいに変えていかないと、人をかかえられるだけの体力をもはや持ち合わせていないからだ。それくらいこの5年間でオフィスのなかは一変している。

そして何よりも、今後さらに進んでいく国際化と情報化の波は、事務の仕事をより高度により専門的にしていくに違いない。

専門性と突然言われても

さて、困った。ふつうの事務ではなくて専門性を高めていく必要性があることを、頭ではわかっても人は急には変われない。

だいいち、専門性と突然いわれても無理というものだ。これまでの教育のいったいどこで、専門の重要性を問われてきたというのだろうか。大学だって学部だって、何をやりたいかなど考えずに偏差値で選んできた人がほとんどだ。高校の進路指導からして、「この点数ならこの大学に入れます」だったではないか。

一般大学で一般教養を身につけ、一般企業に入って一般事務に就く。私がずっと思い描いてきたのも、まさに一般づくし。あるとき編集の仕事に就きたいと思っても作文一枚書くことができなかった。自己表現する技術も方法もわからなかった。

医学部に行って医者になる。美大に行ってデザイナーになる。そういった特別な専門教育を受ける一部の人を除くと、ほとんどの人が専門教育らしい教育も受けず、いざ目指そうとしてもなかなかその方法さえつかみにくいのが現状である。

それに、これまで日本の企業では専門性のせの字も言わなかったではないか。

まず、就職の面接のときがそうである。「どの専門を」「どれだけ深く」勉強してきたかは、あまり問われない。それよりも、クラブ活動、アルバイト体験など、学生生活「一般」の話題に触れられることが多い。

「何がいちばん印象に残っていますか」

「学生時代に心掛けてやったことは何ですか」

といった質問が、飽きもせず繰り返し行なわれる。

次に、採用選考の際もそうだ。専攻を活かせる職種にこだわるより、専攻や専門とは無関係に、

「何でもやります」

「自分の可能性を広げていきたい」

とするタイプの方が、歓迎されやすい。専門ガチガチの固執型より、専門にとらわれない（または、専門がない）人の方が柔軟で使いやすい人材とみなされてきた。

そして、入社後においては、なおのことだ。企業内での評価、権限、影響力のどれをとっても、また、社外からの評価においても、スペシャリストは分が悪い。専門性が比較的はっきりしている技術分野においても、「技術のエキスパート」というより、どちらかと言えば組織推進力や社外折衝力の弱い「技術屋さん」と見なされやすかったのだ。

つまり、専門性はとかく「深さ」というよりも、幅の「狭さ」に結びつけられやすく、それは勢い組織人としては行き止まりを意味していたのだ。

企業のなかでの専門性は、過去かわいそうな歴史を負ってきた。それを知っているだけに、

「さあ、これからはスペシャリティだ。専門職制度を設けて、複合型人事制度になりますよ」

と叫ばれても、いま企業内ではシラッとした雰囲気が漂っている。

どうせ、ポスト不足の対応策なんでしょ。専門職とは名ばかりで、どうせたいしたところまで行けないんでしょ。そういった倦怠《けんたい》ムードがそこはかとなくある。

スペシャリティって、なに？

しかし、そうは言いながら、世の中の流れを食い止められないこともわかっている。組織のなかにいれば、自分でもこのままではいけないことぐらい、いやというほどわかっているのだ。

それならば、「いまさら専門性なんて、もう手遅れ」ときめつけないで、専門性を獲得していく方法を考えていかなくてはいけない。しかし、その専門性をどうとらえるか、それがまず重要である。

同じ専門職といっても、中身はさまざまである。

第1群として、「いわゆる専門職」が挙げられる。

証券のディーラー、保険のアナリスト、メーカーの研究開発員、コンピュータのシステムアーキテクトなどなど。専門職としてすでに社会的に確立しているだけに、特別な才能と専門教育を必要とされる。ここへ移行するのは、はっきりいってかなり難しい。

第2群に、「事務系スペシャリスト」がある。

経理、財務、法務、人事、広報、秘書、調査、企画、編集、マーケット・リサーチなど。これもなかには専門の教育を必要としたり、資格がなくては就けないものもあるが、それだけとは限らない。その専門フィールドをある期間ある深さまでやると専門性だとみなされてくる。これは、ふつうの人でも十分に挑戦していけるジャンルのものだ。

そして私は、もうひとつ第3群があるのではないかと思う。

それは、まだ言葉としては確立していないが、「事務総合専門職」といったようなものである。事務系スペシャリストのように、ひとつの職域に特化されてはいないが、事務を総合的にコントロールできる人といったらいいのだろうか。

一般事務がとりとめなくなんでもやるが深くはないのに対して、フィールドは事務系スペシャリストよりやや広めで深さはちゃんとある事務専門職だ。たとえば、ひとつの営業所をとりまとめマネジャーの右腕として売上げに貢献していける人、これだってふつうの人がやってやれないものではないはずだ。

この3つに共通していえることは、「余人をもってかえがたし」というものだろう。あの人でなくてはと思わせるものをもてたら、人は組織のなかで強くなれる。経費削減の波に脅《おび》えなくても済む。そしてさらにいいことは専門性がたかまれば、いろんな働きかたを選べる、時間的自由を得られるということだ。

パートはパートでも、エキスパート

最近では、裁量労働制を導入する企業もでてきている。

「1日1時間出社すれば、出退時刻は自由」のフリータイム制を敷いた凸版印刷のように、労働時間の量よりも成果で給料を支払っていこうというものだ。

この場合も前提になるのは、専門性である。たしかにハードルは高い。しかし、「会社にいた時間」よりも、「どんな仕事をしたか」を問われるということは、女性にとってはありがたい制度といえる。

なぜなら、これまでフルタイムで働けないというだけでパートに追いやられたり、残業がネックで継続就業ができなかったりしたからである。しかし、専門性を獲得して時間的な融通をきかせられるようになると、多様な働きかたが可能になってくる。業績の評価はそれだけ厳しくなるが、それでも、「会社にいた時間」だけで評価されるよりはよっぽどいい。

これまでの日本では、「ひとつの会社で」「ずっと正社員のまま」働くほうがなにかとよかった。そのメリットだけが突出し、そのメリットを謳歌《おうか》できたのは家事や育児にふりまわされないで済む男性にほぼ限られていた。

しかし、「何年いるか」「何時間いるか」より、「何をどれだけやったか」で見られるならば、そして、時間的自由を得られるのならば、ここはがんばって専門性の獲得に精をだそうという気概もおこるというものだ。

それさえあれば、もし子育てに専念したいと思ったら中断できる自由も、子供が小さい間は短い時間で働く自由だって得られるだろう。時間的にはパートでも、時間的尺度だけでパーツの仕事をするのではない、プロとして業績をあげていくことが可能になるからだ。

パートはパートでも、エキスパートというわけである。

水脈を求めてブレイク・スルー

ところで。

私は就職するときに、編集の仕事をやりたいと考えました。ただでさえ就職が厳しいのに、そんなぜいたくなことはいってられない環境でした。しかし、その時はどうしてもスペシャリティをもちたいという欲求を強く感じていたのです。

というのも、次のようなことがあったからです。いまではとても口にするのがはばかられるのですが、私は高校まで英語をもっとも得意としていました。ちょうどその頃は、鳥飼久美子さんという同時通訳者がテレビに華々しく登場していたときです。それまで女性の職業というと、教師か看護婦さんくらいしかなかった時代にそれは画期的なできごとでした。

ところが、私の英語力は姉たちよりも明らかに劣っていました。自分がいちばんできる科目がたった3人のなかでさえ最下位ということは、この先やっても世の中で通用しそうにありません。

そこで、私は大学で仏語に鞍替《くらが》えしました。ところが、これも姉にかなわなかったのです。このことは大変ショックなことでした。ひとつの語学をマスターしている人は、他の言語も容易に習得できる方法を身につけているのです。

それは、おそらく井戸水のようなものだと思います。ひとつを深く掘ることによって地下水脈はつながっているということです。ですから、新しいことをやるにしてもマスターするやりかたがわかっているので、2回めに掘るときは1回めよりもラクラクと掘れるのです。

結局のところ、私は英語も仏語もふたつともが中途半端に終わっていました。さらに悲しいことには、英語と仏語が交じってしまい、仏語は身につかず英語力は落ちるだけでした。10年間やった英語と4年間やった仏語は、いったいなんだったのか後悔しに大学へ行ったようなものでした。

どうも、掘り下げかたに問題があったようです。でも、こんな中途半端なことを繰り返していたんでは一生かけても水脈にたどり着けません。一度でいいから、ブレイク・スルー（突破する）の快感を味わってみたいと思いました。私は勉強というジャンルでそれを味わえなかったのですから、仕事でやってみるしかなかったのです。文字と関わる編集の仕事なら、あきずにやっていけるのではないかと思ったからです。

やっていくうちに石の上にも3年、というのがよくわかってきました。3年たったところで、手応《てごた》えが違ってきました。また、掘ってみたくなります。5年、7年、掘っていくうちに、かすかに水脈を感じました。ううん、これなら行けそうだ。

私が仕事を長く続けてこられた最大の理由は、ひとつの専門を追究できたからです。いまの自分に何が欠けているかが、自分でよくわかるのです。そうすると、やらなくてはならないことが次々に出てきます。

労働史から経済史から、大学時代は見向きもしなかった専門書を読むようになりました。世のなかで優秀な編集者といわれる人にはどんな人がいるのか、話をきいてみたくもなります。

しかし、そういう人と会って話をきいても、1回きりでは名刺を交換したに過ぎません。その人からもう一度あの人に会いたいと思ってもらうか、興味をもってもらわないことには、「はじめまして」の繰り返しで終わります。

すると、優秀な編集者でも知らないようなネタや、オリジナルな企画をぶつけるしかありません。そうやって私は社外の人に企画の球を投げ、そして返ってくる球を受けとめながら企画力をつけていったような気がします。

また、せっかく考えた企画も説明がへただと会議でとおりません。説得力や折衝力、プレゼンテーション力やリーダーシップといった能力が今度は必要になってきます。そうやってすこしずつ仕事のプロとして欠かせない基礎能力を獲得していったのです。

そうなると、ほかの編集部に移っても、企画の仕事に異動しても、おそらく営業の仕事をしても、あるレベルの仕事をこなせる自信みたいなものがでてきます。

つまり、私の場合は編集というひとつの専門を掘り下げることによって、一般的な能力「ジェネラリティ」をつけていけたように思います。水脈とはそういうことです。ひとつの専門をもつとタコツボ化するのではなく、広がっていくものだと思います。広がっていかないとしたら、まだ水脈にたどりつくまえといえるのではないでしょうか。

ドイツの職業学校でみた専門教育

そう考えているときに、ドイツの職業学校を取材する機会がありました。

ドイツの職業学校といえば、マイスター制度に代表される、いわば手工業分野での教育制度だと思い込んでいました。徒弟制度の中で手に技をつけ、磨き、そしてマイスター（親方）の称号を得ていく。日本での理解は、おおかたこの程度でした。ところが、ホワイトカラーといわれる事務部門においても専門教育が行なわれ専門資格が得られるようになっていました。

週の3日は職業学校で理論を学び、残りの2日は会社で実務を学ぶ、デュアル・システム（二元教育）です。たとえば、将来は銀行でセールスの仕事に就きたいとすると、学校で会計学、経済学、国際貿易などの専門分野を体系的に学んでいく。いっぽう、銀行で専門の教育指導者について、銀行業務の実務と顧客サービスの方法を実践で身につけていきます。

ひとつの職業について専門的な理論と実務の両方を獲得する、この基礎づくりこそが将来への投資になるのだということでした。

取材の最後のほうで、私は次のような質問を投げかけてみました。

「基礎づくりをいくらやっても、時代の変化は早く習得した専門知識や技術がすぐに陳腐化しないとも限りません。時間をかけて身につけたものが、時代に先を越されてしまったらどうするのですか？」と。

すると、職業学校の校長先生からは、こんな答えが返ってきました。

「技術がどんなに進んでも、時代がどんなに変化しても、社会が必要とするものは変わりません。それは、ひとつひとつの専門知識や技術そのものではなく、自律性、協調性、創造性、そしてその根底にあるつねに何かを獲得できるような基礎的な力なのです。私たちの教育の特徴は、ひとことでいうとｌｅａｒｎ＆ｌｅａｒｎ。つまり、ある専門性を身につけようとすることを通して、その力を獲得することなのです」

とらえにくかった専門性が、これでひとつ解けたと思いました。

それは、私の場合はたんに専門性を身につけたくて専門の道を踏み出したに過ぎません。ところが、専門の道をたどっていくうちに、思いがけず能力という水脈にぶつかったのです。そのことを自分ではたまたまのことだと思っていました。

ところが、ドイツでは専門性を初めからそうとらえて教育していました。つまり、専門性とはただ獲得した技術と知識を指すのではなく、ｌｅａｒｎ ＆ ｌｅａｒｎしていくことで基礎的な能力を身につけていくことなんだ、と。

まだ日本の企業のなかでは、専門性に対して疑心暗鬼でいるのが実態です。専門バカとか技術屋とか語学屋とか。でも、私は自信をもって専門性を獲得していくことをおすすめします。

そうしていくと、いもづる式といったら変ですが次から次に能力がつながっていくような気がするのです。

第8章　なぜ上司を嫌うの？

あるとき、女性管理職5人による座談会を開いたことがある。

企業規模も業種も職種も年齢もまちまちなのだが、そこにはひとつの共通点があった。

それは自己紹介のとき異口同音に言った言葉が、

「ここまでこれたのは、上司に恵まれたからです」

まるでゴルフコンペに優勝したときに言う、

「メンバーに恵まれまして」

の決まり文句を聞いてるようなものだった。

「たまたま、ある上司から新規のプロジェクトに参加しないかと誘われて」

「幸運にも、大きな仕事を上司が任せてくれて」

など、人によって表現は違っている。ところが、よく話を聞いていると、「たまたま」や「幸運にも」と口でいう割には、みずからそのチャンスを求めているのが伝わってくる。

また、そういう動きを、ちゃんと見ている上司が周りにいたこともわかってくる。

私はこのとき、禅宗で言う「啐啄《そったく》」という言葉を思いだした。

「啐」は雛《ひな》が卵からかえるとき、内側から殻をつつく音のこと。「啄」は母鶏《ははどり》が殻をかみ破ること。つまり、両者が機を得て相応ずることである。逃したらまたと得がたい好機のことを指している。雛鳥だけが殻をつついても、なかなかうまく割れない。いっぽう親鳥がしきりに殻を破ろうとしても、雛鳥にその気がなければ、これもうまく割れない。

両者が相応じて殻がきれいに割れたせいなのか、好機をつかんで出てきた人たちは何やら顔つきまですっきりして自信にあふれて見えたのである。

キャリアの支え役、メンター

彼女たちがいう上司とは、仕事の指示をする役割の人ではない。メンターといわれる人たちである。

メンターとは、良き指導者のことをいう。ギリシャ神話に出てくる、オデッセウスが子供の教育を託した良き指導者、Ｍｅｎｔｏｒ（メントール）の名前からとった言葉である。

男女にかかわらず職業人として大成するかどうかは、このメンターの存在に負うところが大きい。アメリカではメンターとキャリアの関係は以前より研究されてきており、ＩＢＭ、ゴールドマンサックス証券、コカ・コーラ社など、企業のなかでメンター制度を導入しているところもある。上級管理職をメンターに指名して、社員のキャリア相談や指導を行なっていこうということだ。

では、日本ではどうなのか。メンターの存在がキャリアサクセスの決定要因になっているのか。その相関をみた調査が93年8月発表された。日本経営協会総合研究所が行なった調査で、メンターの実態と役割をみたものである。

その結果、メンターの存在が昇進・昇格を左右し、昇進や給料に対する満足感や、昇進後の仕事に対する自信にもなっていることが裏付けられた。

調査対象のビジネスマン765人（うち女性161人）の6割の人が、「支えになるメンターがいる」と答え、その数も平均「2・9人」。誰がメンターであるかについては、「直属の上司」72％、「職場の先輩」64％、「上司以外の管理職」46％となっている。

この調査で興味深いところは、キャリア支援を物理的側面と心理的側面の両方からとらえたところである。

具体的支援活動8つのメニュー

キャリア支援の物理的機能として、

1．「指導」……昇進・昇格に役立つような情報提供や助言をしてくれる
2．「紹介」……他の管理職や仕事仲間と仕事をする機会をつくってくれる
3．「保護」……仕事上のサポートを提供してくれる
4．「仕事の提供」……新しい技能を習得できるような仕事を与えてくれる

そして、心理的機能として、
5.「カウンセリング」……キャリア上の悩みを親身に聞き、話をしてくれる
6.「個人の尊重と励まし」……個人を尊重して接し、励ましてくれる
7.「キャリアモデル」……組織で成功するための成功例を示してくれる
8.「友情」……親交を深めたり、気軽に話ができる場を提供してくれる
以上、8項目が具体的に挙げられている。

キャリアを形成するのに、この物心両面の支えが欠かせないのだと思う。自分のこれまでを振り返ってみても、改めて両面を支えてくれたメンターの存在が目に浮かんでくる。物理的な側面と心理的な側面。それはまるで、キャリアという一枚の布を織りなすタテ糸とヨコ糸のようなものではないだろうか。私には3人のメンターがいて、それぞれに両面を支えてもらったが、案外、20代はタテ糸の物理的側面が、30代はヨコ糸の心理的側面がより強かったように感じられる。

どこからともなく現われる、謎《なぞ》のメンター

20代の仕事始めの頃は、何といっても4番の「仕事の提供」が大きかった。新しい技能を習得できるような仕事をメンターが次から次へと提供してくれたおかげで、仕事の基礎

をカラダで覚えていくことができた。

ただし、何ができて何ができないかわからない時期は、いつもオーバーフローしてしまう。お酒との相性や飲める量がわからずに、つぶれてしまうのとよく似ている。「あっ、もうだめだ」という危機一髪のときになると、なぜか疾風《はやて》のように現われる月光仮面がそこにいた。

月光仮面とは、直属の上司ではなく隣の部の課長で大学の先輩にあたった。入社するときに何かと面倒をみてくれた人だ。

「できの悪い後輩をいれた責任がオレにもあるからなあ」

と、アフターサービスまで心掛けてくれた。

私が遅くまで残業をしていると、仕事の邪魔をしにきたといってはいつのまにか絡まった糸をほぐしてくれるのだった。体験的よもやま話の中に、1番の「指導」がまぶされていた。いよいよ危ないときは3番の「保護」をしてくれて、また疾風のように去っていった。

また、社内外をうろついては、各誌の編集長に2番の「紹介」をしてくれた。めったに会えないような人たちに私が自分でつかんでいるよりもずっと的確に私のことを紹介してくれるのだった。相手は気軽に渡しただけの一枚の名刺だが、駆け出し編集者にとっては一生の宝物となった。

おそらく、悩みやグチもかなり聞いてもらったのだろうが、いまとなって鮮明に覚えているのは「仕事の提供」「指導」「保護」「紹介」の数々である。

組織論をふりかざさない、男性メンター

ところが、20代最後のあたりから30代にかけては精神的なバックアップのほうが大きくなってきた。仕事は一人前にできるようになっても、組織人としての葛藤《かっとう》を引きずったままだったからである。もう管理職になってもおかしくない年齢にさしかかっていながら、まだ踏ん切れないで「管理職にはなりたくありません」と言い張っていた。

人から管理されるのが嫌いな私がなぜ人を管理しなければならないのですかと言う私に、当時の上司はこう答えたのである。

「人を管理しようと思わなければいい。いいものを作ろうとする気持ちが誰よりも強ければ、メンバーが付いてくるから」

と。そして、いまの仕事をさらに面白くするのに、管理職になる方法だってあることを教えてくれた。

組織のなかの自分がいま転換期を迎えていることにようやく気づいた。均等法が施行された86年の春、やっとのことで私は管理職に昇進した。そうして、これまでとは違う、もうひとつの可能性のきっかけをつかむことができたのである。

これは、キャリアの物理的側面の「指導」というより、心理的側面5番の「カウンセリング」をとおして、6番の「個人の尊重と励まし」によるものであった。その上司は私にけっして組織人とはこうあるべきだと強制も矯正もしなかった。

そういう上司のもとには、なぜか一風かわった人が集まってくる。昼と夜がまるで逆転しているデザイン・ディレクターは、ヨットの季節になると出社しなくなる日もあるが社内でいちばん重要なデザインをコントロールしている。作曲家でもあり歌い手でもある新規事業のプロデューサーも、ふだんは何の仕事をしているのかさっぱりわからないが、新しいプロジェクトになるとがぜん力を発揮する。

つまり、平和と秩序のときには生かされない、どちらかと言えば、ここぞという火事場で力をだしきる人たちである。私にとってふたりめのメンターは、けっして組織論をふりかざさないが結局は、個人の力を組織の力に変えてしまう魔法のツエをもっていた。

組織の力学を伝授する、女性メンター

30代のキャリア充実に、もうひとりの上司である女性の存在が大きい。今度は、課長から次長になるときのことである。もともと専門職志向の強い私に、その上司はこう助言した。

「編集長をやるのなら、次長をめざしなさい。予算や人事の煩わしさを引き受けないと、いい本づくりはできません。それに、組織を動かすこともできません」と、組織の力学を教えてくれたのだ。男性的なものの見方を、私は女性の上司から伝授された。

それでも同性からの励ましは、なにより7番の「キャリアモデル」であったし、8番の「友情」でもあった。

『とらばーゆ』がイタリアの『VOGUE BAMBINI』誌と提携した90年の春、CFの5タイプと表紙12カットの撮影のためミラノに発《た》つときのことである。私にとって初めての海外出張であり、責任の大きさにおそらく顔がひきつっていたのだろう。

「海外ロケではいろんなことが起きるので、制作スタッフに余裕がなくなってきます。そんなとき、編集長であるあなたがピリピリしていたのではスタッフが力を出せなくなります。1日ロケを抜け出して小旅行するくらいがいいですよ」

そして、最終日の打ち上げはあなたの名前でスタッフのみなさんを招待してくださいと言って、パーティ費用を出張費に追加してくれた。

海外ロケや取材にも慣れているその上司は、緊張の糸が張り詰めた私にいちばん重要なアドバイスをしてくれた。

撮影も無事におわった最終日、VOGUEのスタッフは昼間とはうってかわってドレスアップした衣装で、打ち上げにつめかけてくれた。深夜まで続いた日伊親善国際交流の、そのときのスナップは入社1年めの名刺と同じく私の貴重な宝物になった。

30代において、もちろん「指導」や「保護」も受けたが、「カウンセリング」「個人の尊重と励まし」「キャリアモデル」「友情」のほうが圧倒的なパワーをもっていた。タテ糸の物理的側面よりも、ヨコ糸の心理的側面を私の場合はより支えてもらったのである。

能力の差というより、きっかけの差

社内でメンターの存在がいかに重要なことか、私は仕事をする現場でいつも痛感してしまう。

たとえば、管理職むけのセミナーで私が話をするとき、よく投げかけられるのが、

「いまの若い人は何を考えているんだか、さっぱりわからないですよ」

「女性は難しいねえ。能力はあっても、組織になじめないんでは、どうしようもないんだなあ」

といった、男性管理職の嘆きやつぶやきである。

私はこういった管理職のグチを耳にするにつけ、会社における管理能力ってたいしたことないんだなあと逆に感じてしまうのだ。

どうして、その管理職のかたがたは自分の体験したワク組みでしかものをとらえられないのだろうか。どうして自分たちとは違う価値観や違うやりかたを理解しようとしないの

だろうか。

「近頃の若いもんは」

「やっぱり女性は」

とメンバーをひとくくりでしか見てない人は、いうならば管理職としての自分は想像力のとぼしい失格者ですと言ってるようなものである。それなのにどうして相手にばかりケチをつけるのだろうか。人を採用した以上は育てる責任があるというのに、どうしていとも簡単にお手あげ状態になってしまうのだろうか。

こういう管理職のもとに配属される若者や女性は本当に不幸だなあ、と胸がいたんでくる。でも、まだ男性はいい。直属の上司にすべてを求めようとしないからだ。こんな人もいるんだなあと思って、ちゃんと優秀な上司をほかで探す手立てを持とうとする。あまたいる上司のなかのひとり、といったくらいにしか考えていない。

ところが、女性の場合は違う。最初についた上司で、会社ってとこは、仕事ってものは、という値踏みを行ないやすいのだ。いい上司に恵まれると仕事に対する希望をもつが、男尊女卑の権化のような人にあたろうものなら、仕事はもちろん組織や社会全体への不信感へと直結しやすいのである。

いい上司に恵まれるかどうか、この差によって仕事への取り組み姿勢から仕事能力の獲得総量まで違ってくる。そして、このときの格差は女性ほど大きいのではないかと思う。

とても優秀な人材とみなされるか、まるでダメな人材と烙印《らくいん》をおされるか。女性の場合は能力の差というより、きっかけの差が大きいケースを私は何度となく見てきたのである。ある上司との出会いを契機にして、有能な仕事師に生まれ変わっていった女性。ひとつの成功体験をきっかけにしてメキメキと力をつけていった女性。上司の導きいかんで女性は豹変《ひょうへん》する。

しかし、悲しいことに上司は選べない。直属の上司を選べないのだとしたら指導者であるメンターを自分で見つけていくしかないのだろう。

まだ女性のキャリア・レールが敷かれていない組織では、女性みずからがメンター探しに乗りだすしかないのである。

個人の力を引き出す、コーチの役

さて、女性にとってメンターの存在がいかに大きいかをとらえてみた。ところが、もしかするとこれは、女性だけにとどまらないのではないかと思えてきた。

というのは、組織のなかの生産性がかつての方法論では立ちゆかなくなってきたからだ。ちゃんとしたメンターが存在するかどうかで、組織全体の活性化が違ってくるのだ。

これまでの組織は目標がきわめてわかりやすかった。シェアーを広げるためには他社よりも早く、安く、うまくやりさえすればよかった。こういう時代は、ひとりの決定者がいれば、あとはその決定からはずれていないか見張っていればいい。

遅刻していないか。居眠りをしていないか。サボっていないか。効率が落ちていないか。いってみれば、指導者というよりは監視者がいればよかった。

ところが、組織が効率一辺倒ではなくなり知的生産性を重視するようになると、監視者ではつとまらなくなる。ましてや、目標が定めにくい時代となってきている。ひとりの決定者とその他おおぜいの監視者という構成から、個人の潜在能力を引き出せる指導者がいないと組織の活性化は望めない。

野球でいえばコーチにあたる人が欠かせなくなる。バッティングコーチ、ピッチングコーチといった、その人の持てる能力を最大限に引き出せる人でなくてはならない。ときには、抜本的なフォーム改善に取りくんだり、スランプ脱出の方法論をともに考えたりする人である。

ところが、これまでの監視的な管理者はアウトかセーフの判定しかやろうとしない。過去のルールにのっとって、やりかたがすこしでも違うとアウトを宣告する。それも、ゲームの進行をつかさどる審判ならまだいいが、いまでは管理職の数が増えて、1塁ベースだけで塁審が3人も4人もいるようなものだ。ああでもない、こうでもないと、船頭多くして、船、山にのぼるのである。

フォームを改良して、飛距離がのびる。ホームランになる。こうなったときのゲームは小気味よく進行する。ところが、野球をしているんだか、船頭が多いばかりに山のぼりしているんだかわからない状態というのは、組織でいうところの生産性に劣ってしまう。監視者ではなくコーチングできる人、それがメンターなのだ。

また、ワーカー側にとって、メンターの存在なくしては働く意味がなくなってきている事実も見逃せない。

これまでの組織長は、がんばれば課長にする給料をあげると言ってればよかった。つまり、出世のメカニズムにのっとって、ニンジンを鼻先に掲げていればよかったのである。ところが、いまやポストはない。原資もすくない。そうなると、誰がいったい組織長についていくというのだろうか。これまでなら、人間として尊敬できなくてもニンジンさえあれば、人はまだついてきてくれたものだ。だが、もうそれは期待できない。だとしたら、人は何のために働くのだろうか。出世だけでもない。お金だけでもないとしたら、それは、自分の能力が開発される喜びを得たいためである。

これまで、日本人は自分を犠牲にしても組織のために働き続けてきた。日本人の勤勉性は誰も疑おうとしない。たしかに、海外に行って買い物しようにも日曜日でしまっていたりすると、日曜日に開店すればどれだけ売上げをあげられるだろうと私など思ってしまう。「売上げがたとえ5割あがったとしても、わたしたちは日曜日に家族とともに過ごすことを選択するのですよ」

という欧米人に会うと、日本人のどこかにエコノミック・アニマルと化してしまう遺伝子が組み込まれているのだろうか、と感じるものだ。

しかし、たしかに、そういう遺伝子は多少あるにしても、これまで身を粉《こ》にして働いてきたのは、そうするだけのメリットを手にできたからである。

それなのに、「近頃の若いもんは日本人の勤勉性を忘れてきている」と真顔で嘆いている人は、そのあたりの時代の動きや環境の変化をとらえていないことになる。

つまり、日本人の勤勉性がいま薄れてきているのではない。いまの日本企業のなかでは、勤勉の先が見えなくなってきているのだ。そして、それを個々に示してあげて、個人の力の結集を組織の力につなげてあげるのが、良き指導者メンターなのである。

保護よりも、キャリアをひきあげるメンター

メンターの存在は個人のキャリアを充実させるだけでなく、組織の活性化にも役にたつことがわかった。いまや、世界全体がどこへ行くのかわかりづらくなった、まさにこういう時こそ、企業はメンターの存在にもっと目を向けていってもいい。

また個人のほうも上司を受け身でとらえるのではなく、主体的にメンターを求めていく必要がある。直属の上司がだめなら、隣の部署の上司でもいい。隣の部署もだめなら、社

内中から探しだすといい。それでも、社内にひとりもいないような組織なら私はそこにいる意味はないと思う。

誰にだってある、ささやかな才能を生かすも殺すも、きっかけ次第である。メンターを探しだしメンターをもっていることが、これからはキャリアを築いていくのに欠かせない武器になるだろう。メンターから日常の細々とした指示を仰ぐというより、ここが分かれ目という岐路で正しい判断ができる助言を得られることのほうがずっと重要だ。

いつも保護してくれるだけのメンターより、ときに千尋の谷へ突き落としたり、本人の痛いところをあえて指摘してくれるメンターのほうが、結局はいちばんありがたかったなとあとで気づくことになるのだから。

第9章　なぜ転職するの？

ある外資系企業の人事部長さんが、こんな話をしていた。

「いまの時代、女性が優秀だなあと思うのは手持ちのカードのなかに切り札のジョーカーをもっているからなんです。男にはそれがないから、上司の顔色をうかがったり、自分の意見も言えなくて縮こまってしまう。ところが、女性はいざとなればエースさえも切れる切り札を持っているんです。つまり、この会社がすべてではない、といえる強みがあるんですよ。でも、せっかくのジョーカーを、いつでも辞められるマイナスに使ってしまうのが、男から見ると実にもったいない話なんですよね」

このたとえ話をうかがって、ようやく私もわかったような気がした。女性が組織というゲームを楽しめないのは、そのルールを覚える前に辞めてしまうからだ。ジョーカーをもっていることで展開をあれこれ考えたり、効果的に使いきってないということなんだなあ、と。

転職情報誌の編集にたずさわって、10年になる。その間に500号の本を発行し、1万人近くの転職者を取材し、ざっと50万人もの読者アンケートに目を通してきた。

そんななかでいつも痛感するのは、転職がうまくいくかどうかは辞めかたを見ればわかるということだ。職を変えればなんとかなるというほど転職は甘くない。

そこで、私はいつも言う。

「みすみす辞めないこと」

ちょっと待った！　と私が止めにかかる転職は大きく3つに分けられる。

みすみす辞めない、転職

「ちょっと待った！　その転職」のまず最初は、「無知からくるシリーズ」である。シリーズというくらいだから、ひとつではない。

企業とはなにか、組織とはなにか、ビジネス社会とはなにか、経営とはなにか、職域とはなにか、自分とはなにか、などがわかっていないために「こんなはずじゃなかった」とあとで後悔するケースが、多く見られるのだ。

都銀につとめるA子は、入行3年めの春に次のように語った。

「女性を積極的に活用していきたいと言っていたのに、入ってみたら男女差別の巣窟《そうくつ》でした。私は男女差のない会社で、おもいっきり仕事をしてみたいんです」

意欲は高いとみたが、私は「待った！」をかける。

やる気があっても見通しが甘いと、カラ回りするだけである。まず、都銀にいったいどれくらい女性の支店長と役員がいるかを見れば、女性登用の実態くらいすぐわかる。それだけ伝統的な大企業となると、男社会だというくらいは見当がつきそうなものだ。それも見通せなくて次の会社に行ったとしても同じことである。

商社に勤めるB子は、入社5年めにやってきた。

「一般職で入社して丸4年、ずっと同じ仕事の繰り返しです。企業側が一般職のキャリア・アップについてなにも考えていないことを知ってガク然としました。私はキャリア・ステップの道が明確に敷かれている会社に行きたいんです」

これも、もちろん「待った！」。

そんなに昇進していきたいと思っているのに、どうしてこれまで一般職に就いてきたの？　補助職である一般職は、専門家が指摘するように「行きづまり職」だということを、どうして大学でて4年間もわからなかったの？

「まずは総合職へ職種変更して、それからキャリア・アップになる実績を積んでいこうよ」

こういった彼女たちの相談を受けながら、ビジネス社会や企業のなりたちをあまりにも知らなさすぎる実態にいつも驚いてしまう。やはりここは、組織の構造をしっかり理解しなくてはまた同じ行動を繰り返すことになる。だいいち、組織への批判は聞けても、なにをやりたいかはでてこない。「会社辞めたい辞めたい病」の典型的な初期症状だ。イメージと現実とのギャップが最大の原因となっている。

「会社辞めたい辞めたい病」の第2症状

つぎに、待った！　をかけるのが「人間関係がらみ」である。

人間関係というのは、どこへ行っても付いて回ることくらいわかっているのに、あの上司がいないところ、あの先輩がいないところ、あの後輩がいないところとなる。

こういうときによく出る症状は、海外へ留学しようか、転職しようか、学校へ戻ろうか、マンションを買おうか、ネコを飼おうか。

マンションというのは、自分の借金のためならがまんできるかもしれないといった予測からでたものだ。ネコはストレスを緩衝する効果のためで、近頃はひところに比べると逃避型の留学はやや沈静化しつつある。

人間関係のなかでも、いちばん悩み深いのが上司との関係である。仕事の直接的な指示にはじまり、仕事の進捗《しんちょく》から評価にいたるまで関わりを無視できない存在だからだ。だが、これをきまじめにとらえすぎるのも考えものである。いつか異動でいなくなる人かもしれないし、他に目を移せばいろんな上司がいるではないか。

このあたりは男性のほうがよく心得ていて、バカな上司でもうまくあしらっている。その点女性は上司に絶対的なものを求めすぎるきらいがあるようだ。

パン屋さんにパートにでた主婦は、上司についてこう語った。

「物事の判断が遅くて、すべて後手、後手に回るんです。パートの分際で口出しもできず、ストレスがたまってしまうんです」

彼女の理想の上司像をきいていると、まるで携帯電話ムーバをもった課長・島耕作のようなタイプなのである。しかし、バリバリな上司じゃなくてもきっとイースト菌でふくらんだような、ふっくらした人間性がその上司の特性なのではなかろうか。どうも「男性たるもの」「上司たるもの」のイメージを強くもちすぎている。ファザコン女性によく見られる傾向である。

そのほか、同僚の意地悪に耐えきれない、後輩の刺すような視線にさらされて辛《つら》いなど挙げればきりがない。しかし、嫌な人のためになぜ自分が辞めなくてはならないのかと冷静に判断する必要もある。

「会社辞めたい辞めたい病」の第2症状である人間関係がらみだが、ただ仕事にのっているときは嫌な人もそんなに気にならない。原因は「あの人」ではなく、やりたい仕事が見つからない「この自分」だったりもする。そのあたりを、見極めておかなくてはならない。


「会社辞めてもかまわない」幸せいっぱい病

そして、最後の「待った！」は、結婚・出産時など「女性のライフイベント退職」だ。

「結婚・出産でいったん辞めて子育て後に復職する」。これが日本女性の理想とするライフコースで3人に2人が希望している。それなのに、「待った！」をかけるのは、子育て後にそう理想どおりにはいかないからだ。

いま、子育て後に働いている人の理想と現実がどう違うかといえば、働く目的は「視野を広げるため」が、「生活費を得るため」。職種は、「事務職」の希望が、「営業・販売職」。働く時間は「1日5時間週4日」に対して、「週5日以上」が6割強。ほとんど正社員と変わらず1日6・5時間働いても身分はパートで待遇は低く抑えられたままだ。

「あのときに辞めなければよかった」と後で気づいても、もう遅い！

「たいした仕事でもないし、子育てに専念したいから」

といって仕事から去って行ったあとでは取り返しがつかなくなる。

子育てに専念するために中断するのなら、出産までに仕事の実績をつくっておいて再雇用が可能となるようにしておくか、あるいはどこでも通用する専門職のキャリアをつくっておくかそのどちらかが必要だ。

再就職セミナーの席で、ある主婦はこう言った。

「40過ぎのただの女にはパートの掃除婦をやってなさいということですか」

そんなことを言ってるんじゃない。私は、答えないまま逆に質問する。

「どういう仕事をご希望ですか？　そのためにどんな準備をしようとしてますか？」

もちろんいつから始めても遅いことはない。しかし、再就職するのに40代になると厳しさのランクが一段あがるのも事実である。未経験で新しい仕事にチャレンジするには20代や30代前半の結婚・出産前のほうがチャンスも多い。労働市場が需要と供給の関係で成り立っている以上、いまのところの現実はおさえておく必要がある。

いっぽうで、こんなケースもある。

年齢制限35歳までの募集で52歳の女性が正社員として採用された。その人は履歴書送付となっていたところを、自分で持参したという。

「書類で選考されると、落とされるのは目に見えていましたから」

40歳からの再就職は、やはりスタートが遅かったらしい。好きな仕事も好きな時間帯も、希望どおりにはなにひとつ選べない。まずは、小さな個人事務所でパートの一般事務に就く。そこで、経理の仕事ならどんな会社でも必要としていることを発見する。パートのかたわら簿記の資格を取る。すると、今度は税理士に挑戦してみたくなった。1年に1科目ずつこなしていけば5年で取れる。結局は8年かかって税理士の資格取得に成功した。

採用した人事担当者は語る。

「資格はもちろん採用の武器になっています。でもそれよりも、現状を見てすみやかに次の行動に移せる柔軟性を高く買ったんだと思います」

ここまでくると、もう実年齢が問題なのではない。私が人事担当者でも、こんな人と一緒に働きたいと思って採用するだろうなあと感じたくらい彼女は人を惹《ひ》きつける力をもっていた。好奇心がたくましければ人は硬直化しないでみずみずしくいられるんだなとも感じた。

第2章で書いた、年齢を味方につけていける人だ。こういう人はいい。仕事を継続することよりも、意志をもって中断することを選んだ人も問題ない。

問題なのは、気づくことなくみすみす辞めてしまう人だ。そして、年齢を敵にまわしていって、「どうせ、私は」「もう、年だから」といいながら、採用されなかった原因をすべて年齢のせいにしてしまう人だろう。

「会社辞めたい辞めたい病」の第3段階は、結婚・出産による「会社辞めてもいい、辞めてもかまわない」幸せいっぱい病の症状なのである。

入社を目的とするか、「その先」をとらえるか

みすみす辞めないように、待った！　をかけた「無知からくるシリーズ転職」、「人間関係がらみ転職」、そして、「女性のライフイベント退職」。もう少しきちんとした職業教育が日本でなされれば、こんなこともないのだろうが。

ある時アメリカの大学に留学した学生たちを集めて就職セミナーを開催したことがある。そのとき、先輩として登場したひとりは会社選択のポイントを次のように語った。

「まずは、技術開発力に優れていること。大学で専攻した専門がいかせる職種に就けること。そして、設立してから8年以内の会社であること」

私は最後のポイントに興味をもって、

「どうして、8年以内なんですか？」

とたずねてみた。すると、彼はこう答えた。

「大学のゼミの教授から教わりました。もし、入社していいポジションを得たいと思ったら、8年以内だとトップ層にはいれる確率が高いということです」

毎年、就職する学生に何百人も会っているが、入社後の職種とポジションに触れた人は初めてだった。同じ日本人で同じ22〜23歳の大学生なのに、かたや入社するのが最大の目的である「就社」と、かたや入社後をとらえたキャリアとしての「就職」とその差はかなりのものがあった。

もしかすると日本では、転職するときに初めて「就職」のスタートラインに立つのかもしれないとも思った。

それなら、オーケイ！　転職

では、どういう転職がうまくいくのだろうか。

「それなら、オーケイ！　転職」といえるものは、自分のモノサシをもてた場合である。

それまでは偏差値で大学を選び、ブランドと規模で会社を選ぶ。やりたいことがわからないうちはたいていそうだ。社会が決めたモノサシに従うしかない。

ところが、仕事は社名やビルの大きさとやるわけではない。人に社名をいうときや、立派なビルの門構えをくぐる一瞬よりもずっと長い時間をそこで過ごさなくてはならない。入社4、5年までは満足できた自分のプライドも、時間の経過とともに「なにか違う」「どこか違う」とつぶやくようになってくる。

先にあげたA子も「なにか違う」の矛先が銀行に向かっていた段階を経て、今度は自分に向かうようになっていた。

「私は銀行に勤めています」というときの自分と、「私はこれこれの仕事をしています」というときの自分だと、どちらが自分にとって誇らしいだろうか。もし、これこれの仕事というとき、組織を動かしてやり遂げる仕事とスペシャリティをもって組織に関わる仕事では、どちらが自分に向いているだろうか。

そうやっていくつかの問いかけを行なった末、A子は会計士というスペシャリティをもって組織と関わっていきたいと考えるようになる。さて、そのときに、もうひとつの選択が待っている。

銀行に勤めながら資格をとっていくほうがいいのか。会計事務所に行って資格取得をめざしながら仕事の現場を見ていったほうがいいのか。彼女は、最終的に後者を選ぶことにした。

銀行を辞めてしまったあと資格が取れなかったらどうしようという不安は残ったが、銀行で過ごす時間のほうがもはやもったいないと感じるようになっていたからだ。

私のところを再び訪ねてきたときは、会計事務所に移って1年が過ぎていた。もちろん、まだ資格は取れていない。しかし、同じ道を志す仲間がいて、その道のプロである所長の仕事を目の当たりにできてすこしホッとした表情になっていた。

彼女の選択が正しかったかどうかの結果はでていない。ただ、資格がとれなかったらどうしようという不安よりも、これならやっていけそうだと実感できたことのほうがA子にとっては大きかったようだ。

百貨店に勤めるC子は、入社して8年がたった頃にタイの山奥の村にホームステイをした。そこで、子供の頃に夢として描いていた「牧場ではたらきたい」という想いが、ますますつのってきてしまう。気持ちに火が点《とも》ったことに気づいたC子は、とうとう嬬恋《つまごい》村にある酪農家のところへ転職することにした。

朝5時の暗いうちから起きてジャージー乳牛の乳搾《ちちしぼ》りをやる。牛の世話のほかに飼料用の作物をつくる畑仕事もこなす。泥だらけ牛糞《ぎゅうふん》だらけでお世辞にもきれいな仕事とはいえない。

「抵抗ある人ももちろんいます。でも、私は気にならない。東京にいるとき、きれいな洋服を着なくては、嫌なものでも良いといわなくては、と自分にとって価値のないものまでくっつけて歩かなくてはいけなかった。でもここでは、そんなものを全部とりのぞけることができたんです」

山ぶどうを採ってきてワインをつくったり、手造りチーズに取り組んだり、双子の子牛をペットで飼っていたり。東京にいてはできなかった生活がそこにある。でもそれは、都会からやってきた取材者が「自然に囲まれてていいなあ」という一瞬の解放感から感じるようなものではない。彼女が時間をかけてようやくたどり着いたもの、彼女にとって価値ある生活スタイルだった。

「30歳までに1000万円貯めて自分のお店をもつんだ」

といって、メーカーの事務からトラックの運転手に転職したD子。

「やっただけのことがお給料になってはねかえってくるから、わかりやすくていいですよ」

見習い期間を経て、2年めからの年収はOL時代の2倍近くになっている。スゴイなあと感心するとD子は言う。

「そんなにスゴイことじゃないですよ。OL時代の給料がいかに安かったかということだけです。でも、確かにそれくらいの仕事しかしてなかったことも事実だなあ。あのときは安い安いと思っていたけど、こうやって移ってみると妥当だったんだなということがよくわかります。責任の重さとお給料の重さって比例してくるんですよね。そこそこそれなりに、と思っていると、本当にそれなりのものしか自分に戻ってこない。世の中って、よくできてるもんだと思いました」

「それなら、オーケイ！　転職」というのは、本人にとって価値基準が明快になったときである。なにが重要でなにが重要でないか。自分にとっての価値のモノサシが定まってくると、ここまでなら妥協できるというラインが見えてくる。優先の順位もつけられるようになる。

＊　＊　＊

たとえば、こんな人がいます。

私はデザインの仕事に就いて、それを一生の仕事にしていきたい。デザイン事務所に勤めながら、いいものをいっぱい観ていこうと思う。映画も展覧会も芝居もオペラもたくさんのいいものから、たくさんのことを吸収してデザインに生かしていきたい。よって、残業は少なくお給料は手取りで25万欲しい。

純粋にこう考える人は、結構います。しかし、こんないい話があったら誰も悩むことはありません。すべてが一度にかなうことがないから大変なんです。

判断の決め手は時間かお金か

もし、あなたがいいものをいっぱい観ることがもっとも重要だと思うのなら、今の会社にいたほうがいいでしょう。会社に居続けて、週2本の映画と月4本の芝居と年に2、3本のオペラを観続けるといいです。でも、その観続ける間に、受け手として観ることから作り手としての観方に変わってきたら、そのときにデザイン事務所に転職することを考えてみてください。

「これも観た、あれも観た」と自慢することが好きで、なにがどう良かったのかわからない人は、まちがっても作り手のほうに回らないことです。たいへんな思いをしないとモノ創《づく》りはできませんが、鑑賞ならばラクにできます。そのほうがずっと楽しいです。

でも、もし、作る側に回ろうとするならば、残業を気にしていては無理です。いいものを作ろうとするときは時間って関係ありませんから。1時間に5枚の書類を入力するのとは意味が違います。

こういう場合は、時間の感じかたで判断するとまちがいありません。つまり、残業が耐えられないという人はそれに向いていないのです。残業するよりは鑑賞の時間に当てたほうがいいでしょう。

いっぽうで、生まれて初めて「寝食を忘れる」という言葉を実感できて嬉《うれ》しいという人もいます。受験勉強をしていても本を読んでいてもすぐに眠くなったり三度三度食べないと生きてる心地がしなかったのに、はじめて徹夜ができた喜びを語る人もいます。そういう人は、きっとそのことが好きだからできるのです。

次に問題になるのがお金です。誰だってお金は多いにこしたことはありません。でも、自分がどれくらいデザインができるかどうかもわからないうちから手取りで25万という人は、辞めたほうがいいでしょう。そうではなくて、実力をつけるまでは最低これぐらいあればいい、というところから考えをスタートできる謙虚さが欲しいところです。その反面、いまに実力をつけて給料をあげていけるようにするんだ、という心意気もなくてはなりません。

この2年は貯金でなんとかいける、親元にいる分でなんとかやれる、と思える人は転職してもいいですが、貯金が1円でも減るのは気が気じゃないとか、いますぐワンルームマンションを手にいれたいという人は、今の会社にいたほうがいいと思います。

ある日、木の葉がはらりと落ちるように

では、自分はこれだ！　と思えるものが見つかったとして、それでも不安だという場合はどうしたらいいのでしょうか。

まずは機が熟すのをあわてずに待つ、という方法があります。

NHK朝の連続ドラマ「ひらり」を書いた内館牧子さんは、大手重工メーカーに勤めるOLでした。13年間会社勤めをしていて、もう辞めたい辞めたいと思う気持ちとの格闘の数年間がありました。でも、シナリオ・ライター養成の学校に通いながら、すぐには辞めませんでした。いくつものコンテストに応募して、あるプロデューサーの目に留まるまでチャンスを待っていました。それから、プロのシナリオ・ライターに転職してデビューしたのです。

「まるで木の葉がある日、はらりと落ちるように」

と表現されていたのを聞いたことがあります。

内館さんのOL経験は、いまの仕事に生きています。「ひらり」のなかでも、ひらりの姉、みのりがこんなセリフを吐くシーンがあります。

「私たちって着るものだけはビシッとキャリア・スーツ着ててさあ、でも、やってることといったら雑用ですものねえ。この差って、笑っちゃうと思わない？」

給湯室での同僚との会話です。長いOL経験ならではの、実感あふれる言葉です。

それから、自分の周りに応援してくれる人を見つけることです。いくらやりたいものが見つかったと言っても、当事者にとって不安なことに変わりありませんから。

「食べられなくなったら、いつでも家にいらっしゃいよ。ご飯ならいくらでもあるからね」

といった、友達のそんなひとことがあるかどうかで全然違うのです。

高校教師から大相撲へ27歳で転職した智《とも》ノ花《はな》の場合もそうです。奥さんから、

「子供は私が働いて育てますから、あなたは好きなことをやってください」

と言われたひとことが効きました。

十両に昇進して晴れて智ノ花というしこながついたとき、TVのワイドショーでその奥さんがマイクを向けられていました。それまでの無給期間を彼女が働いて家計を支えていました。

「教師をやめて相撲をとりたいと言われたときは、奥さんも大変な勇気が必要だったでしょう?」

すると、その奥さんはこう答えていました。

「勇気が必要だったのは、彼のほうです。私はそういって決意した彼にがんばって欲しいと思っただけですから」

この場合は夫婦ですが、なにかをやろうとしている人を応援したくなる気持ちは、老若男女を問わず、多くの人が心のどこかに持っているものです。

まったくないという人は、グチをいいあってる集団くらいなものでしょう。

「いやねえ、あの人。あんなに肩に力がはいっちゃって、だいじょぶかしらね?」

そういう集団からは一刻も早く抜け出しておいたほうがよさそうです。

3年間だけやってみる、3年やって芽がでなかったらまたそこで考えるといった、時間を区切ってかかるというのもひとつの考えかたです。

人生って想像しているよりも長いんだと思います。たぶん、やり直しがきく長さなんだと思います。でも、くすぶって過ごすには恐ろしいほど長すぎるんだと思います。

だとしたら、ウダウダしている自分より、こうしたいと思う自分のほうを応援してみたらいい。大成功しなくったって一流にならなくったって、そんなことたいして重要なことじゃない。

それよりも人からみるとたわいのない、ささいなものかもしれないけど、本人にとって価値あることが見つかった！　見つかった人がエライ！

私はそういう人に拍手をおくる社会になると、本当にいいと思っています。

おわりに

これで30代が終ろうという時、無性に本にしたくて出版したのがこの本です。私にとって初めての本でした。なぜそんなに出版にこだわったかというと、寿命の半分を通り過ぎる前に、人としての中間決算を1度やっておきたいという衝動が突然起こったからです。20代の私は、いつもジタバタしていました。幼い頃から思い描いていた姿とかけ離れていくようで、仕事をする自分に戸惑《とまど》ってばかりいました。

この本は、そんな私が仕事とどう向き合っていくのかを自問自答したものです。仕事という手段をとおして自分の地平面がささやかながら広がっていったのは、私にとって画期的なできごとでした。へぇ、こんな私がいたのかぁ。あら、意外としっかりしてきているじゃない。知らなかった自分の一面を、たったひとりの観客として驚きながら見てきたような気がします。

泣いたり笑ったり、怒ったり喜んだり。喜怒哀楽でいえば、喜と怒のレベルをあげてきています。物ごとに主体的に関《かか》わろうとすることで、ただ哀《かな》しい、ただ楽しいという漠然とした感情に振り回されなくなったからでしょう。

数年ぶりに読み返してみて感じるのは、懐かしさではありません。しみじみするというより、まるで昨日のことのように思い出されました。それはおそらく20代から30代という大きな選択を迫られる時期だけに、鮮烈なままの状態で永久保存されていたのだと思います。

21歳の夏〝新宿の母〟に手相を見てもらおうと列に並んだあの日が、私の原点です。その後の私を決定づけてくれました。42歳の時にリクルートを卒業してドコモに転職したのも、人生ぬくぬくより人生わくわくを選んでしまう自分がいたことと、1冊の本にまとめることでリクルートでの達成感を十分に味わうことができていたからです。

最後に本書の出版にあたっては、角川書店の堀内大示さん、郡司珠子さんにお世話になりました。私にとって原点となる本を文庫にして頂きましたこと厚く御礼申し上げます。

2001年1月

松永真理

解説

群　ようこ

私は著者の松永真理さんと同い年で、この本にも書いてあるように、短大卒全盛の就職戦線からはつまはじきにされている位置にいた。もともと私には働く願望はなく、アルバイトでもして毎日本を読める生活ができればいいと思っていたのだが、母と弟に、「就職するか家事をするか、どちらかにしろ」と詰め寄られ、しぶしぶ就職することにしたのである。新聞で四大卒の女子学生でも可という広告代理店を見つけ、何とかそこにもぐりこむことができた。しかしそれが私の転職六回のはじまりだった。私の頭の中には結婚という考えは全くなく、とにかく一生続けられる仕事を見つけようと、あっちに行ったりこっちに行ったりという二十代だった。

松永さんは語学の習得が中途半端になってしまったという反省から、物事を突破する快感を味わいたいと思ったと書いている。

「私は勉強というジャンルでそれを味わえなかったのですから、仕事でやってみるしかなかったのです」

「石の上にも3年、というのがよくわかりました。3年たったところで、手応《てごた》えが違ってきました。また、掘ってみたくなります。5年、7年、掘っていくうちに、かすかに水脈を感じました。うらん、これなら行けそうだ。私が仕事を長く続けてこられた最大の理由は、ひとつの専門を追究できたからです。いまの自分に何が欠けているかが、自分でよくわかるのです。そうすると、やらなくてはならないことが次々に出てきます」

「私の場合は編集というひとつの専門を掘り下げることによって、一般的な能力『ジェネラリティ』をつけていけたように思います。水脈とはそういうことです。ひとつの専門をもっとタコツボ化するのではなく、広がっていくものだと思います。広がっていかないとしたら、まだ水脈にたどりつくまえといえるのではないでしょうか」

　たしかに転職を続けていたときは、私がしている仕事の中に、広がりというものは何もなかった。私の八年間のOL生活のなかで一年以上勤務したのは、「本の雑誌社」という出版社一社しかないという体たらくである。早急に結論を出すのではなく、我慢してみる必要もあると、頭ではわかっているのだが、いつも心の中でよりよい転職先を考えていた。それは給料ではなくて、自分が一生、続けていかれるかどうかだった。運良く会社をやめてもすぐに次の会社に入れたため、転職を簡単なものとたかをくくっていたのかもしれない。もしも編集プロダクションに勤めているとき、「本の雑誌社」に誘われなかったら、私はずっとそこに勤めていただろう。そのころには少し世の中のこともわかり、白馬に乗った王子様はいないのと同じように、すべてに満足する会社はないと悟っていたからだった。しかしどういうわけだか、ある時期を過ぎると私の前にはおいしそうなニンジンがぶら下げられ、それにぱくっと食いついて、そっちのほうへ行ってしまったのである。

愛読していた雑誌を出している「本の雑誌社」に就職したときは、演歌みたいに、「おれにはお前が最後の会社」というような気分だった。とうとうたどり着いたという感じでもあった。給料の安さ以外、人間関係にも何の問題もなかった。ここで私は一生続けられる仕事を編集の仕事と決め、これから仕事をしながら勉強していこうと思っていた。ところがひょんな具合から、物を書くことになり、そちらのほうの仕事が肥大していき、結局は六年ほどでやめてしまった。私は父親が個人でデザインの仕事をしていたため、フリーランスの不安定さを子供のころから見て知っていた。だからとにかく組織に入って仕事をするつもりだった。フリーランスで、ましてや物書きになるなんて、これっぽっちも思っていなかった。

それなのにどうして会社をやめたのかというと、会社の仕事よりも書くほうに充実感があったからだった。あまりに辛抱がないので、仕事での充実感を味わわずに、私は転職し続けた。はじめて味わった充実感だった。大学は文芸学科の創作コースを卒業したが、アルバイトに明け暮れてほとんど学校には行かなかったので、学校の勉強は役には立っていないはずだ。ほとんどうさ晴らしのような原稿なのに、読んでくれた人々が、喜んで笑ってくれる。それがうれしかった。たしかに会社では、上司に大切にしてもらったし、セクハラ上司や、嫌味をいう上司に囲まれているOLに比べれば、環境的にはとても恵まれていたと思う。しかし三十歳を前にして、「これでいいのか」とは考えていた。相変わらず結婚願望はなかったから、その点、選択肢が増えないのは幸いだったが、編集の仕事からだんだん経理事務の仕事の割合が多くなり、正直いって経理事務には何の魅力も感じなかった。私は経理事務のプロになるために、会社に入ったのではないのである。もちろん編集の仕事をさせてもらうこともできたが、そうすると時間が不規則になるために原稿が書けなくなる。原稿が書けるのは、経理事務をしているからなのだった。勤めながら原稿を書いて、四年になっていた。もしも書くチャンスがなかったら、そんなことも思わずに会社に勤めていたのだろうが、またニンジンが目の前にぶら下がってきたのである。書く仕事も増え、睡眠時間も減り、体が続かなくなってきて、会社をやめるか続けるか、また二者択一になった。原稿での収入は給料の三倍を越えていた。そこである出版社の局長が、私の背中を押してくれなかったら、やめる決心はつかなかったかもしれない。

これは松永さんが書いている、組織の中の上司と同じ意味を持つ。彼は社外の人ではあったが、迷う私にいろいろとアドバイスをしてくれた。決してこうしろとはいわずに、このような本を読んでみたらどうかなどと雑談のなかでヒントをくれた。そこで私は会社をやめることに決めたのだが、そのときに、

「これで一生やっていこう」

という気構えなど全くなく、

「原稿が売れなくなったら、またバイトでもすればいいや」

と気楽に考えていた。

誰もが自分の気に入った会社に就職できるわけでもなく、理想の上司、同僚に恵まれるわけでもない。この本を読んでかつての自分の姿を思い出し、四十代の半ばの今になってあれこれ反省している、基本的に大雑把な性格なものだから、転職などもリサーチをせずに、本能のおもむくままにしたものだから、入ってからいつも、「こんなはずではなかった」と後悔する。ＯＬ時代の憎しみの対象だった上司にも、いろいろと社会勉強をさせてもらった、雇用者の方々には迷惑をかけたと反省するけれども、若い頃はそんなゆとりなど何もなく、憎い人はただ憎かった。どこかに行ってくれないのなら、自分がどこかに行こうという気分の連続だった。嫌な人々とかかわっている時間がもったいなくて、このまま無意味に時を過ごすのが怖かった。でも今から考えてみれば、若い頃は持っている時間は短いようだけれども、実は長いものだ。私のように辛抱もせずに、転職を続けてやってこれたのは、ひとえに運がよかっただけだ。社会に出て仕事をしようと思ったら、就職する側がきちんとリサーチをして、状況を把握しておかないといけないのだろう。

就職状況は年々変化していく。特に最近の不況では、就職もままならないと耳にする。

私はOL時代、松永さんのように組織を楽しむこともなく、勉強もしないで、ただ、「もっと自分に向いているようなことがあるような気がする」と考え続けてきた。私は組織の中ではうまくやっていけない人間なのだろうが、仕事をする立場からただひとついえるのは、自分さえちゃんとしていれば、「失敗」は「失敗」ではないということだ。「失敗」を恥ずかしいとか、取り返しがつかないとは思わないほうがいい。長い人生から見たら、「失敗」の一度や二度、どうってことはないのだ。だいたい失敗しない人生なんて、平坦《へいたん》でつまらないではないか。この本は現在、会社に勤めている女性たちには、自分の現在を見直し、就職をひかえている女性たちには、会社という組織や仕事に対する考え方を教えてくれるだろう。今やiモードの立役者となった松永さんの言葉はキャリア・アップを考える女性たちにも参考になるはずだ。もちろん辛《つら》いことはたくさんあるけれども、それをひとつずつクリアしていって、年をとったときにとっても素敵な女性になっていたいと私も思うし、多くの女性たちにもそうなって欲しいと心から思っている。

本書は一九九四年七月、講談社から単行本として刊行されたものに、加筆・訂正を加えたものです。

JASRAC出 0100619－106

なぜ仕《し》事《ごと》するの？

松《まつ》永《なが》真《ま》理《り》

角川文庫　11855

平成十三年二月二十五日　初版発行
平成十三年十一月二十五日　六版発行

発行者——角川歴彦
発行所——株式会社角川書店
東京都千代田区富士見二—十三—三
電話　編集部（〇三）三二三八—八五五五
　　　営業部（〇三）三二三八—八五二一
〒一〇二—八一七七
振替〇〇一三〇—九—一九五二〇八
印刷・製本——e—Bookマニュファクチュアリング
装幀者——杉浦康平

ま 17-1　ISBN4-04-356601-8　C0195

角川文庫発刊に際して

角川源義

第二次世界大戦の敗北は、軍事力の敗北であった以上に、私たちの若い文化力の敗退であった。私たちの文化が戦争に対して如何に無力であり、単なるあだ花に過ぎなかったかを、私たちは身を以て体験し痛感した。西洋近代文化の摂取にとって、明治以後八十年の歳月は決して短かすぎたとは言えない。にもかかわらず、近代文化の伝統を確立し、自由な批判と柔軟な良識に富む文化層として自らを形成することに私たちは失敗して来た。そしてこれは、各層への文化の普及滲透を任務とする出版人の責任でもあった。

一九四五年以来、私たちは再び振出しに戻り、第一歩から踏み出すことを余儀なくされた。これは大きな不幸ではあるが、反面、これまでの混沌・未熟・歪曲の中にあった我が国の文化に秩序と確たる基礎を齎らすためには絶好の機会でもある。角川書店は、このような祖国の文化的危機にあたり、微力をも顧みず再建の礎石たるべき抱負と決意とをもって出発したが、ここに創立以来の念願を果すべく角川文庫を発刊する。これまで刊行されたあらゆる全集叢書文庫類の長所と短所とを検討し、古今東西の不朽の典籍を、良心的編集のもとに、廉価に、そして書架にふさわしい美本として、多くのひとびとに提供しようとする。しかし私たちは徒らに百科全書的な知識のジレッタントを作ることを目的とせず、あくまで祖国の文化に秩序と再建への道を示し、この文庫を角川書店の栄ある事業として、今後永久に継続発展せしめ、学芸と教養との殿堂として大成せんことを期したい。多くの読書子の愛情ある忠言と支持とによって、この希望と抱負とを完遂せしめられんことを願う。

一九四九年五月三日

角川文庫ベストセラー

お年頃
乙女の開花前線
酒井順子
せっかく女の子に生まれたのだから、楽しまなくては損。肩の力を抜いて、平凡さに胸をはりましょ。女の子生活全開お愉しみエッセイ！

食欲の奴隷
酒井順子
飽くことのない食べ物への好奇心。食べている時にこそ、女の成熟度が現れる。食事にまつわる四十二の事柄が、貴女を大人の女に変える！

丸の内の空腹
ＯＬお食事物語
酒井順子
外食、ストレス、おつき合い…おいしく幸せな食事のための、ＯＬと「食」とダイエットの関係。元丸の内ＯＬの著者が彼女達の生態を鋭く描く！

会社員で行こう！
酒井順子
キャリアと美意識のせめぎ合い、会社員ファッション…。全ての女性部下を持つ上司と若きビジネスマンやＯＬに捧げる、会社生活必勝エッセイ！

テレビってやつは
酒井順子
意外な学歴・身長の芸能人。ドラマやＣＭで思わずチャンネルを変えたくなる瞬間。クイズ番組での人間模様…。テレビフリーク必見のエッセイ！

東京少女歳時記
酒井順子
〝特別〟に憧れながら〝普通〟を抜け出せなかった少女。普通の女子高生がコラムを雑誌に投稿し、社会人になるまでの自伝的エッセイ集。

マーガレット酒井の
女子高生《リセエンヌ》の面接時間
酒井順子
パジャマパーティー、Ｂ・Ｆ、ダイエット、ファッション…マーガレット酒井先生が女子高生の本音に迫る、おしゃべりエッセイ！